Wojciech Jans

Handball –
offensiv verteidigen

300 Übungen für die Abwehr

Sportverlag Berlin

Polnischer Originaltitel:
Piłka ręczna – 300 ćwiczeń udoskonalących grę w obronie

Übersetzung aus dem Polnischen: Bernd Ludwig

Jans, Wojciech:
Handball – offensiv verteidigen: 300 Übungen für die Abwehr /
[Übers. a. d. Poln. : Bernd Ludwig]. –
1. Aufl. – Berlin : Sportverl., 1992
NE: GT

ISBN 3-328-00513-7

© Sportverlag GmbH Berlin 1992
1. Auflage
Illustrationen: Zofia Jans und Wolfgang Schedler
Einband: Theodor Bayer-Eynck
Titelfoto: Fotoagentur Sven Simon
Satz: IBV Satz- und Datentechnik GmbH, Berlin
Druck und Binden: Graphischer Großbetrieb GmbH Pößneck
Ein Mohndruck-Betrieb
Printed in Germany

Inhalt

	Seite
Zeichenerklärung	7
Vorwort	11
Offensiver Handball beginnt in der Abwehr	13
Entwicklungstendenzen im modernen Abwehrspiel	14
Schaffen spezieller Voraussetzungen für die Abwehrarbeit	16
Übungen zur Vervollkommnung der Beinarbeit	18
Übungen zur Vervollkommnung des Blockens	34
Übungen zur Vervollkommnung des Abfangens des Balles	43
Übungen zur Vervollkommnung des Abwehrverhaltens 1 gegen 1	47
Vervollkommnung des Abwehrverhaltens in ausgewählten Abwehrsystemen	51
Manndeckung	51
Raumdeckung	57
Organisatorisch-methodische Aspekte der Ausbildung in der Raumdeckung	57
Methodisches Vorgehen bei der Vervollkommnung der Raumdeckung	57
Abwehrsystem 6:0	58
Übungen zur Vervollkommnung des Deckungsverhaltens	60
Abwehrsystem 3:2:1	74
Technisch-taktische Übungen für das Zusammenwirken in der Gruppe	77
Spielnahe Übungsformen	86
Einleiten des Gegenstoßes aus einer elastischen Abwehrformation	96
Torwarttraining – technisch-taktische Übungen	98
Vervollkommnung motorischer Fähigkeiten	109
Kraft	109
Übungen gegen Widerstand unter Verwendung eines Gummiseils	111
Übungen im Wasser	114
Hantelübungen	114
Ausdauer	115
Schnelligkeit	118
Übungsformen	120

Bewegungskoordination 121
Gewandtheitsübungen 123
Beweglichkeit 124
Stretching 124
Ausgewählte Stretching-Übungen 126
Sprungkraft/Sprunggewandtheit 131
Reaktive Übungen 131
Hürdensprünge 134
Sprungkraftübungen mit Hantel 135

Anhang: Wichtige Schiedsrichterzeichen 136

Zeichenerklärung

△	Angriffsspieler
△ (with ball)	Angriffsspieler mit Ball
○	Abwehrspieler
○ (goalkeeper)	Torwart
T	Trainer
.	Ball
⊗	Ständer, Laufmal
⟶	Weg des Spielers
----→	Ballweg
←----→	Ballweg hin und zurück
----/-→	Paß vorgetäuscht
⟹	Torwurf
⟹/	Torwurf vorgetäuscht
------→	Weg des Spielers mit Ball
∿∿∿→	Prellen des Balles
⟶∧→	Täuschen ohne Ball
⟶[	Sperren
∿∿∿→	Seitwärtsschritte
Ħ	Blockieren des Wurfes

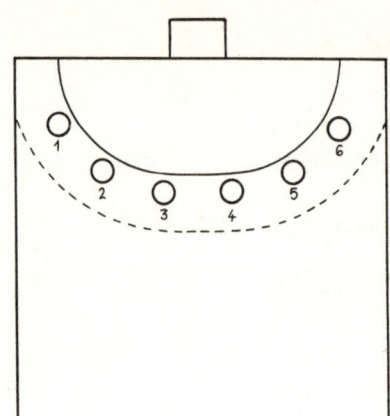

Die Spielerpositionen in der Abwehr

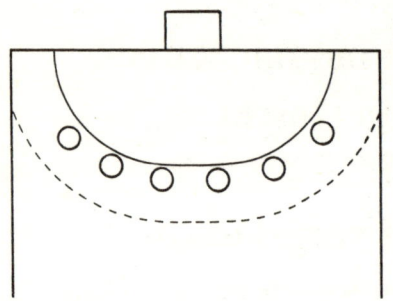

Grundaufstellungen in der Abwehr

6:0

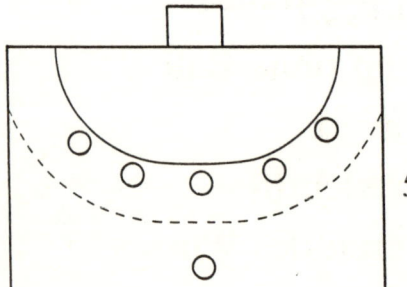

5:1

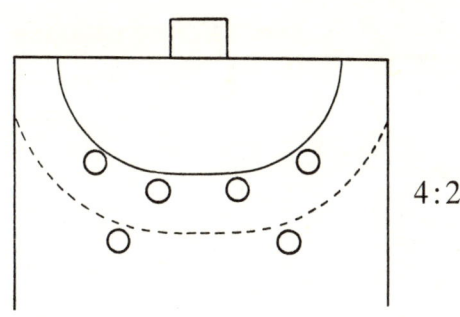

4:2

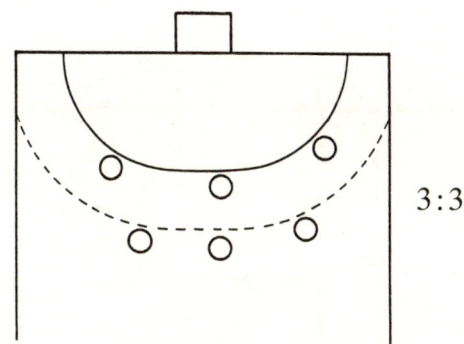

3:3

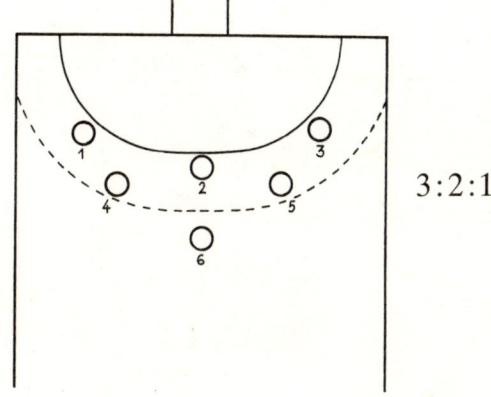

3:2:1

9

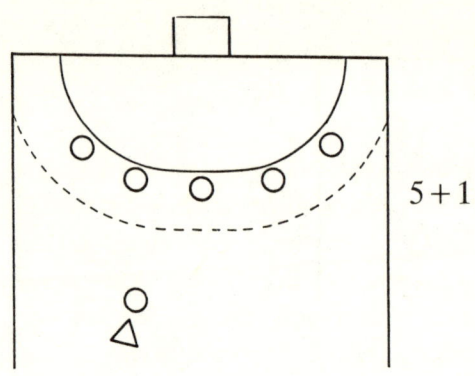

5 + 1

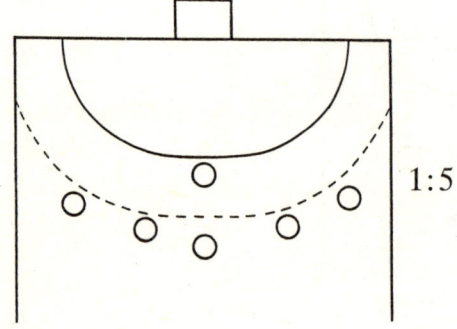

1:5

Vorwort

Eine alte Trainerweisheit lautet: Wer für ein bestimmtes Ausbildungsziel 10 Übungen braucht, muß 100 einschlägige Übungen kennen, um seine Sache gut zu machen. Es reicht eben nicht, zu wissen, welcherart Übungen infrage kommen. Der Trainer muß einen reichen Fundus von Übungen gleicher oder ähnlicher Wirkung parat haben, um für den jeweils vorliegenden Fall die treffendsten auswählen zu können. Aber auch, und das sollte nicht unterschätzt werden, um Sättigungserscheinungen vorzubeugen. Monotonie im Training kann ebenso schädlich sein wie Mängel im Trainingsaufbau oder in der Wahl der Trainingsmittel.

Die hiermit vorgelegte Übungssammlung soll dazu beitragen, die Voraussetzungen für modernes, offensives Abwehrverhalten im Training zu schaffen – vielfältig und abwechslungsreich.

Der Autor

Offensiver Handball
beginnt in der Abwehr

Um eine Offensivaktion durchführen zu können, muß die Mannschaft zunächst in Ballbesitz gelangen – indem sie dem Gegner den Ball abnimmt, ihn zu einem technischen Fehler oder zu einem Fehlwurf veranlaßt. Von dieser simplen Wahrheit leiten sich die Grundsätze des modernen Abwehrspiels ab, das sich durch ständiges wirksames Attackieren des Gegners auszeichnet.

Wer Tore werfen will, muß zunächst den Ball erkämpfen.

Die Bedeutung des Abwehrspiels für den Erfolg einer Mannschaft wird immer noch häufig unterschätzt. Das zeigt sich am deutlichsten in der verbreiteten Auffassung, daß man das Abwehrverhalten nicht speziell trainieren müsse, schließlich falle durch das Aufstellen von „Gegnern", mit denen sich die Spieler beim Angriffstraining auseinandersetzen sollen, genügend Abwehrschulung ab.

Diese Unterschätzung des Abwehrspiels muß verwundern, zumal schon seit Jahren der vom Basketball übernommene Grundsatz gilt:

Die Abwehr ist ein Angriffsmittel.

Die Ausbildung für das Abwehrspiel ist recht langwierig und erfordert systematisches Training. Dabei ist auch auf solche Leistungsvoraussetzungen wie die Handlungsschnelligkeit und die Kraftausdauer Wert zu legen. Besonderes Augenmerk ist den koordinativen Fähigkeiten und der Vervollkommnung der kognitiven Funktionen, insbesondere der Situationswahrnehmung und -beurteilung sowie der Handlungsprogrammentscheidung, zu widmen.

Beim Zusammentreffen zweier gleichwertiger Mannschaften gibt letztlich **die mentale Verfassung** den Ausschlag über den Sieg. Aufgabe des Trainers ist es, die Spieler für die Abwehrtätigkeit in motivationaler, psychischer Hinsicht vorzubereiten. Denn der Erfolg im Abwehrspiel hängt unmittelbar davon ab, wie konzentriert und engagiert die Spieler an ihre Aufgabe herangehen – im Wettspiel wie im Training. An dieser Einstellung muß der Trainer systematisch arbeiten. So sollte ein Spieler mit der Einstellung aufs Parkett gehen, daß er bei jeder Abwehraktion einen leidenschaftlichen, fairen Zweikampf führt.

Nach KANDIJA ist die einzige Methode zur Vervollkommnung der Abwehr das Spiel selbst bzw. Spielfragmente, die für wettspielnahe Übungsformen herangezogen werden. Ein hohes Niveau der Abwehrarbeit kann nach seiner Auffassung nur die Mannschaft erreichen, die sich im Training mit einem Gegner auseinandersetzt, der die andere Seite zur Hergabe ihres ganzen Könnens zwingt. Mehr noch, mit einem Gegner, der gegenüber dem angewandten Abwehrsystem die wirksamsten Angriffsverfahren einsetzt. Die Auffassung ist zweifellos zugespitzt formuliert. Unbestritten ist aber, daß modernes Handball-training **spielnahes Training** ist. Das bedeutet: Sobald die Technikbe-herrschung und die taktischen Kenntnisse das zulassen, sind Gegner in das Üben einzubeziehen, die anfangs passiv, dann zunehmend aktiver und schließlich ohne Einschränkung aktiv ihr Konzept durchzusetzen versuchen und so den Abwehrspieler zu blitzschnellen Entscheidun-gen bzw. Änderungen seines Vorhabens zwingen.

Entwicklungstendenzen
im modernen Abwehrspiel

Folgende Tendenzen in der Entwicklung des Abwehrspiels ließen sich in den letzten Jahren beobachten:
- aggressives Heraustreten und Abschirmen der gegnerischen Au-ßenspieler (Abb.)
- aggressives Decken von drei benachbarten Angreifern (Abb.)
- Weiterentwicklung des 3:2:1-Systems mit Tendenz zur Vergröße-rung des Abwehrraumes nach vorn (Abb.) und Übergang zur 3:3-Zonenverteidigung bei aggressivem Decken der Rückraum-spieler
- Anwendung der Manndeckung als Überraschungsmoment
- Anwendung extremer Spielsysteme, z. B. des 1:5
- Wechsel des Verteidigungssystems innerhalb eines Spiels
- Übergang zur aktiven Abwehrarbeit unmittelbar im Moment des Ballverlustes, was dem Gegner die Durchführung des Gegenstoßes erschwert; in diesem Fall muß jedoch auf das Einwechseln von Ab-wehrspezialisten verzichtet oder es beträchtlich eingeschränkt wer-den

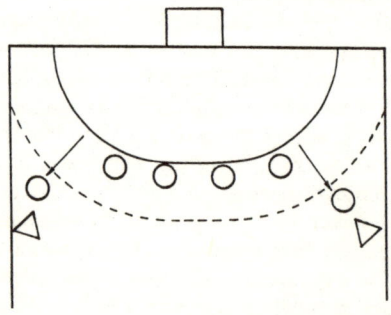

Die Außenverteidiger treten heraus und schirmen die Außenspieler ab (6:0-Formation)

14

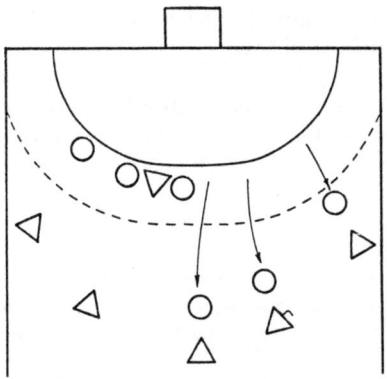

Drei benachbarte Angreifer werden aggressiv gedeckt (6:0-Formation)

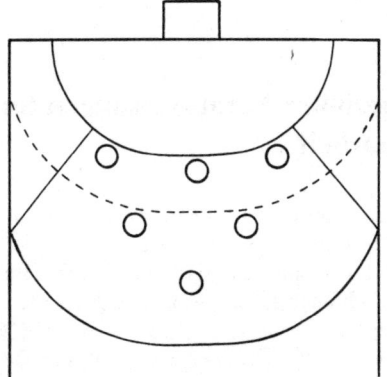

Weiterentwicklung des 3:2:1-Systems – der Abwehrraum wird nach vorn erweitert

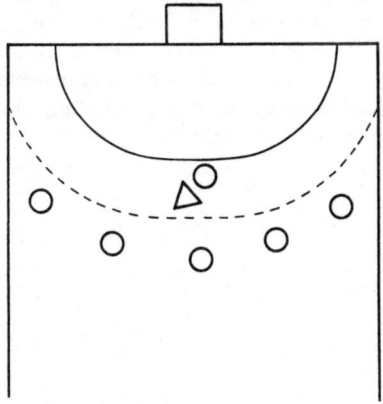

Abwehrformation 1:5. Der Kreisspieler wird manngedeckt

15

– weitere Niveauerhöhung bei den motorischen Fähigkeiten und des technisch-taktischen Könnens.

Abwehrsysteme, die sich durch aggressives Decken auszeichnen und bei denen die Abwehr zum Angriffsmittel wird, haben alle gemeinsam, daß die Abwehrspieler immer wieder weit heraustreten, wodurch es möglich wird, ,
– in Ballbesitz zu gelangen,
– Würfe wirksam zu blocken,
– Gegenstöße mit guten Erfolgsaussichten einzuleiten
– präzise Zuspiele zum Kreisspieler Mitte zu verhindern
– einer defensiven Spielweise des Gegners entgegenzutreten

Zusammenfassend läßt sich feststellen: Die offensive Abwehrarbeit ist auf das Erkämpfen des Balles durch antizipatives Spiel gerichtet.

Schaffen spezieller Voraussetzungen für die Abwehrarbeit

Welches Abwehrsystem auch angewandt wird – ob Manndeckung oder ein Raumdeckungssystem – stets kommt es zum 1:1-Zweikampf zwischen dem Abwehrspieler und dem Angreifer. Im 1:1-Spiel fallen wichtige Entscheidungen für den Ausgang des Spiels. Zu den Mitteln des Abwehrspielers gehören
– die Beinarbeit – erste Voraussetzung, um ein Durchbrechen des Angriffspielers zu verhindern;
– das Blocken von Torwürfen – es macht hoffnungsvolle Torwurfchancen zunichte und kann zum Ballbesitz führen;
– das Abfangen des Balles – neben dem Herausspielen des Balles das offensivste Element der Abwehrarbeit des einzelnen Spielers.
Das individuelle Abwehrverhalten geht allerdings über die 1:1-Situation deutlich hinaus.

Zehn Grundsätze des individuellen Abwehrverhaltens

1. Stets zwischen Gegenspieler und eigenem Tor stehen.
2. Danach streben, den Ball abzufangen, herauszudribbeln, abzublocken oder aus der Hand zu spielen.
3. Die Aufmerksamkeit auf den Ball konzentrieren.
4. Die Wurfhand decken.
5. Nicht durch eine Finte nach außen locken lassen.
6. Vermeiden, daß Torwart, Abwehrspieler und Angreifer auf einer Linie stehen.
7. Nicht zulassen, daß der Gegenspieler die von ihm am besten beherrschte Wurfart anwenden kann.
8. Den Gegenspieler durch das eigene Handeln zu Fehlern veranlassen.
9. Das Geschehen und speziell den Gegenspieler beobachten, um seine Absichten vorauszusehen und zu durchkreuzen.
10. Den Kreisspieler Mitte energisch von Zuspielen abschneiden.

Übungen zur Vervollkommnung der Beinarbeit

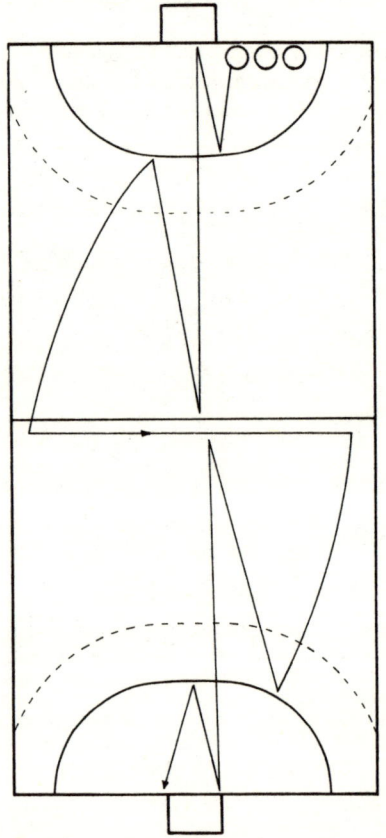

Übung 1: Tempowechsel über ca. 130 m – Sprinten und gelöstes, lokkeres Laufen im Wechsel

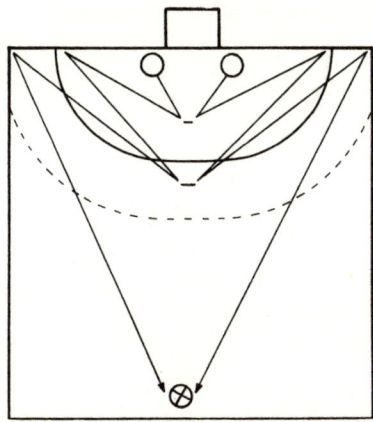

Übung 2: Wettlauf zu zweit mit Richtungswechseln: Wer berührt als erster das Zielmal?

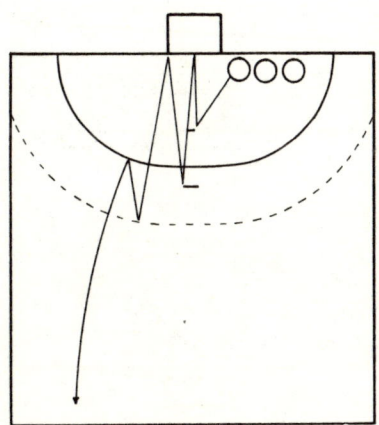

Übung 3: Sprint vorwärts zur 4-m-Linie, anschließend Lauf rückwärts usw.

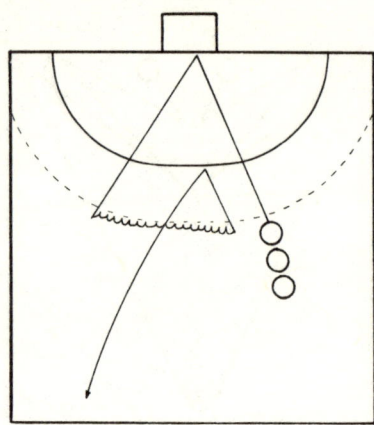

Übung 4: Lauf vorwärts, rückwärts, Nachstellschritte, Antritt nach vorn

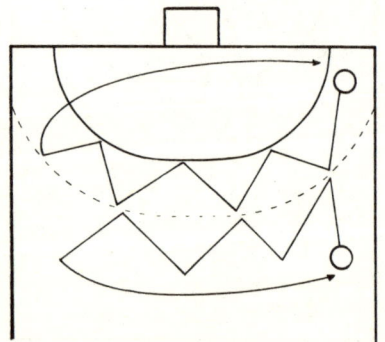

Übung 5: Zickzacksprünge. Zwei Spieler üben gleichzeitig

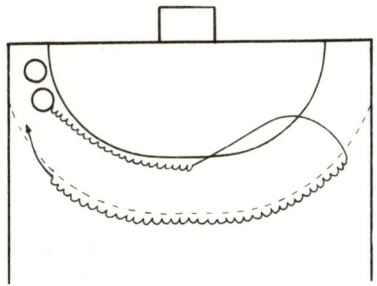

Übung 6: Nachstellschritte entlang der 6-m-Linie, anschließend zurück entlang der 9-m-Linie

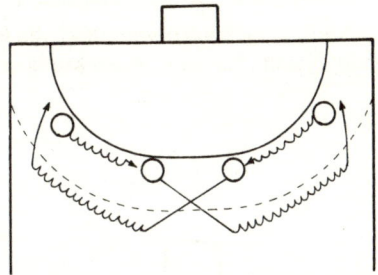

Übung 7: Nachstellschritte – Sprung schräg nach vorn – Nachstellschritte

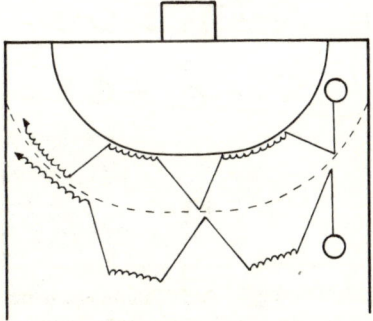

Übung 8: Verbindung von Zickzacksprüngen und Laufen mit Nachstellschritten

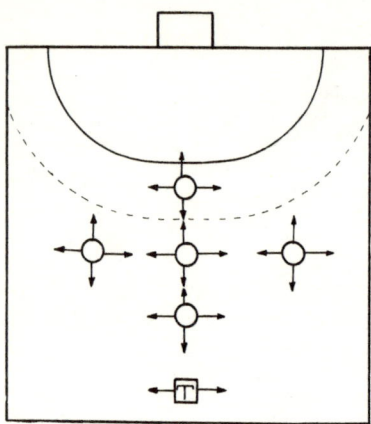

Übung 9: „Spiegelbild" – Die Spieler vollführen die Bewegungen des Trainers spiegelbildlich mit. Variante: Ausführung in der Gegenrichtung.

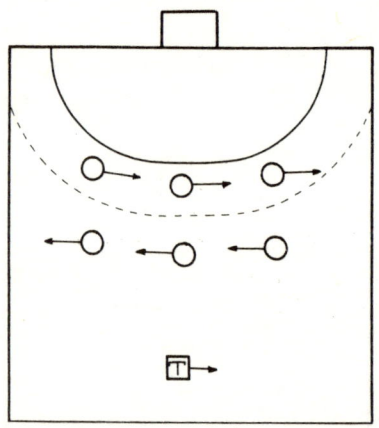

Übung 10: Doppelter Spiegel – Aufstellung wie in der Abbildung. Die Spieler an der 6-m-Linie vollziehen die Bewegungen des Trainers spiegelbildlich nach; die Spieler an der 9-m-Linie wiederum kopieren die Bewegungen der anderen widergleich.

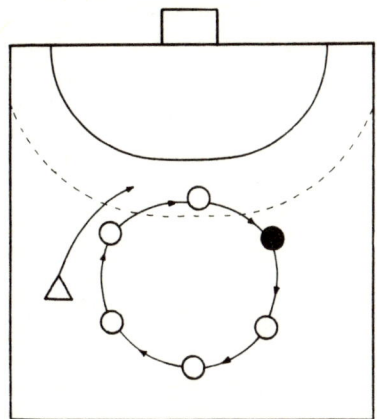

Übung 11: Kreishasche. Die Spieler bilden einen Innenstirnkreis mit Handfassung; ein weiterer Spieler – er ist der Fänger – hält sich außerhalb des Kreises auf. Er soll einen bestimmten, besonders gekennzeichneten Spieler in der Kreisformation abschlagen, was die Kreismannschaft durch gemeinsames Laufen auf der Kreislinie – rechtsherum oder linksherum – zu verhindern trachtet.

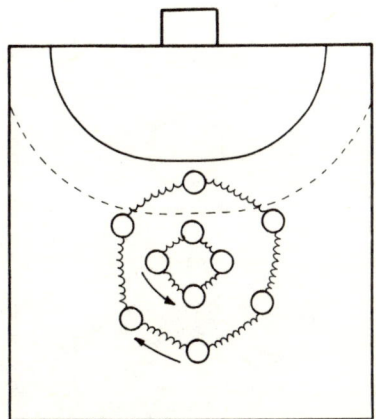

Übung 12: Zwei Innenstirnkreise mit Handfassung. Die Spieler des äußeren Kreises haben die Aufgabe, sich mit Nachstellschritten seitwärts stets in entgegengesetzter Richtung zum Innenkreis zu bewegen.

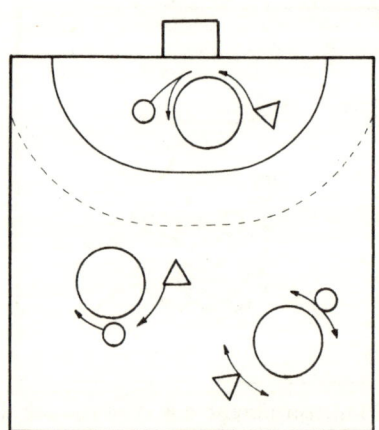

Übung 13: Haschen 1:1 rund um den markierten Kreis, der nicht betreten werden darf

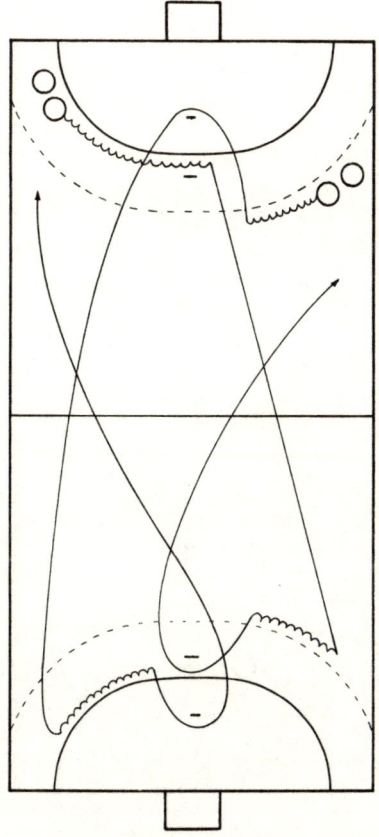

Übung 14: Verbindung von Nachstellschritten seitwärts und Antritt zum Gegenstoß

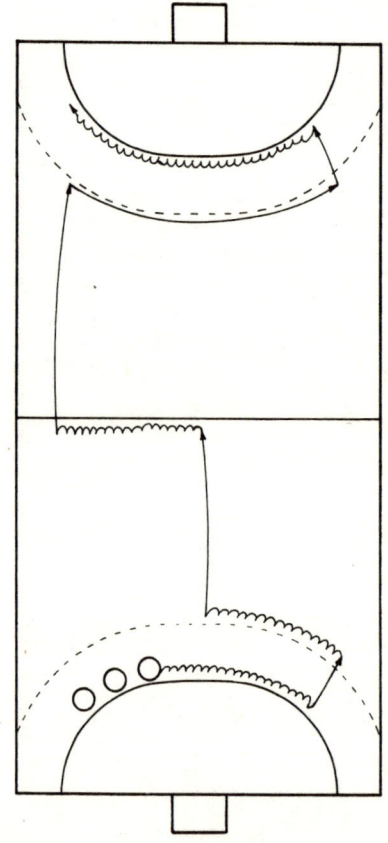

Übung 15: Lauf mit Nachstellschritten seitwärts und Sprint im Wechsel

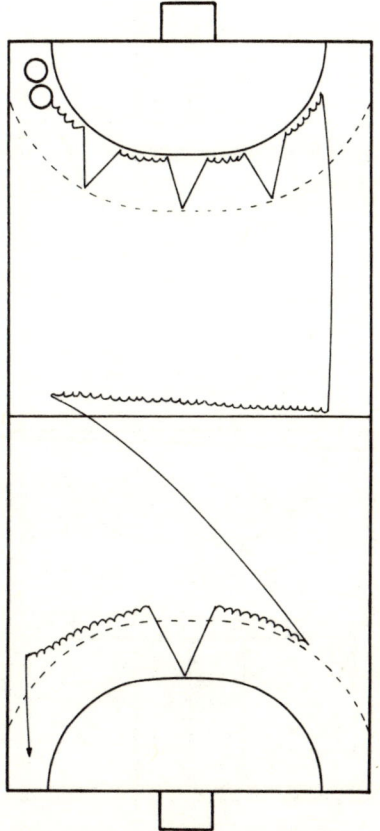

Übung 16: Kombination von Lauf mit Nachstellschritten und Zickzacksprüngen sowie Antritt zum Gegenstoß

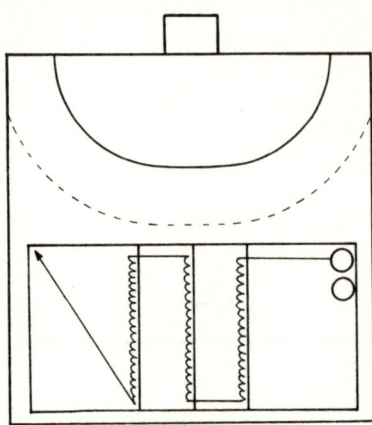

Übung 17: Sprint mit Richtungsänderungen – es werden die Linien des Volleyballfeldes genutzt

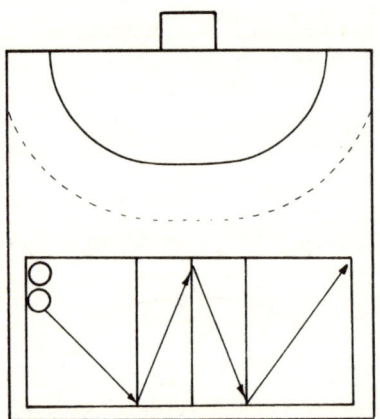

Übung 18: Wie Übung 17, aber im Rückwärtslauf und mit Nachstellschritten seitwärts

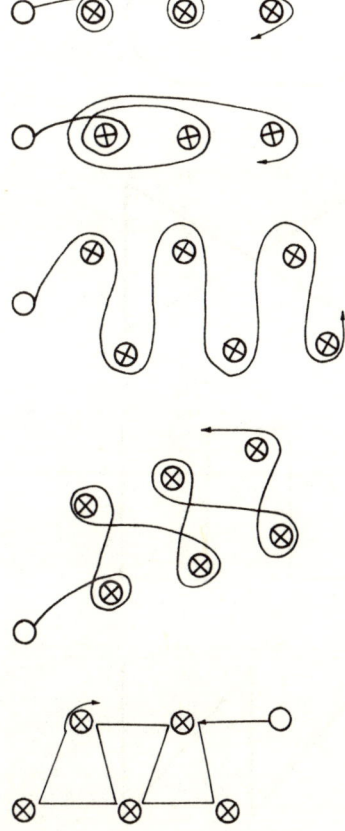

Übung 19 bis 23: Übungen zur Vervollkommnung der Fortbewegungs-
arten auf unterschiedlichen Raumwegen – dabei Nutzung von Malen
(Medizinbälle, Fähnchen, Ständer o. ä.)

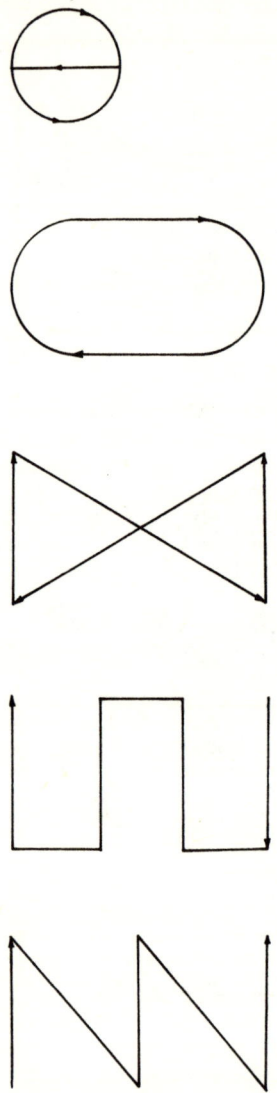

Übung 24 bis 28: Übungen zur Vervollkommnung der Fortbewegungs-
arten auf unterschiedlichen Raumwegen

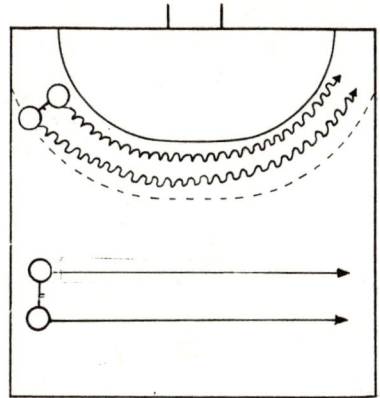

Übung 29: Die Abwehrspieler, die sich paarweise mit Handfassung bewegen, führen Sprints aus oder Lauf mit Nachstellschritten über eine bestimmte Zeit, z. B. 30 Sekunden

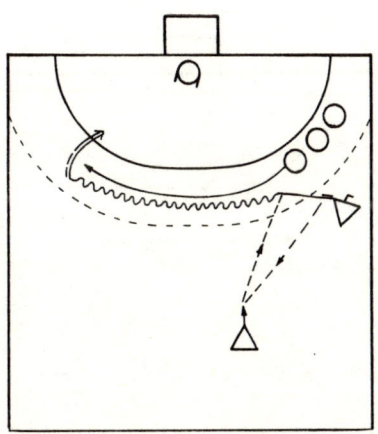

Übung 30: Der Angriffsspieler prellt den Ball entlang der 9-m-Linie und versucht, zum Torwurf zu gelangen; der Abwehrspieler ist bemüht, ihm den Ball abzunehmen

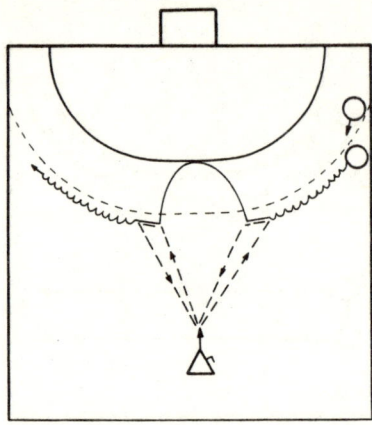

Übung 31: Nachstellschritte – Abspiel/Ballannahme – Sprint zur Torraumlinie und zurück zur 9-m-Linie – Abspiel/Ballannahme usw.

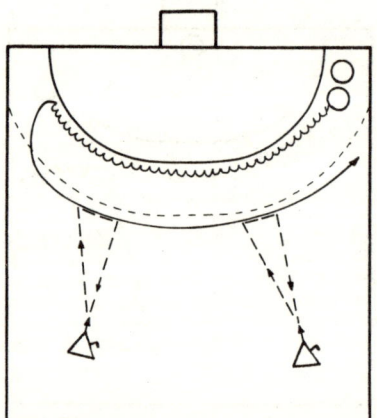

Übung 32: Nachstellschritte seitwärts entlang der Torkreislinie, anschließend im Sprint Doppelpässe mit zwei Rückraumspielern

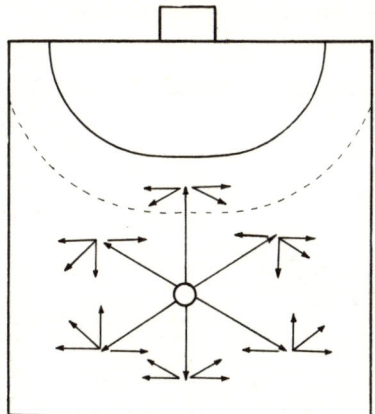

Übung 33: Üben der vielfältigen Fortbewegungsweisen in unterschiedliche Richtungen

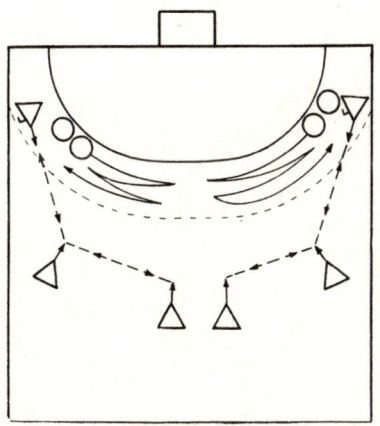

Übung 34: Die Abwehrspieler bewegen sich entsprechend der Flugrichtung des Balles

Übungen zur Vervollkommnung des Blockens

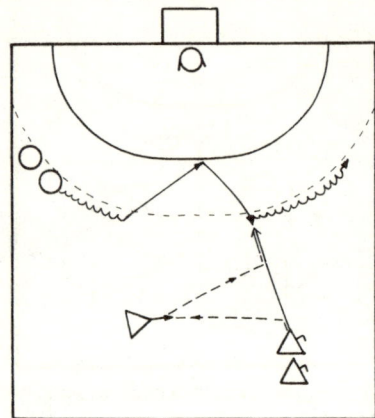

Übung 35: Komplexes Üben des Laufs mit Nachstellschritten seitwärts, von Seitwärtssprüngen und Blocken

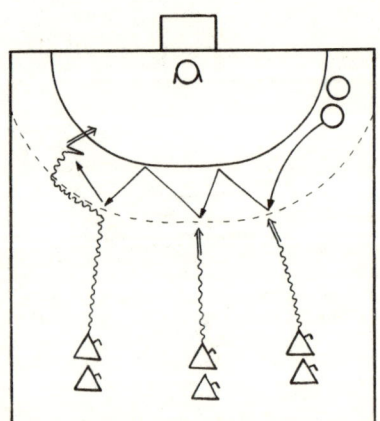

Übung 36: Nach zweimaligem Blocken Abdrängen des RL nach außen, Verhindern eines Durchbruchs nach Finte, Verhindern eines Torwurfes

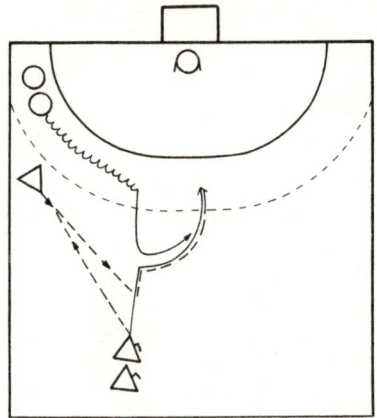

Übung 37: Nachstellschritte seitwärts, Sprung zum RL und Vereiteln des Torwurfes

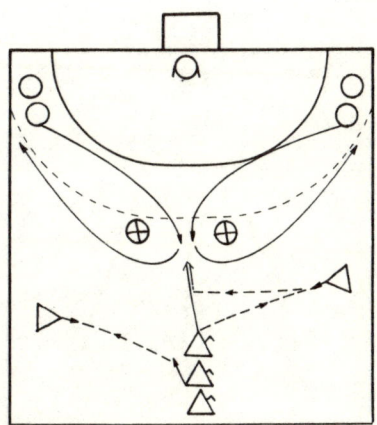

Übung 38: Die Außenverteidiger laufen wechselweise heraus, um Würfe auf der RM-Position zu blocken

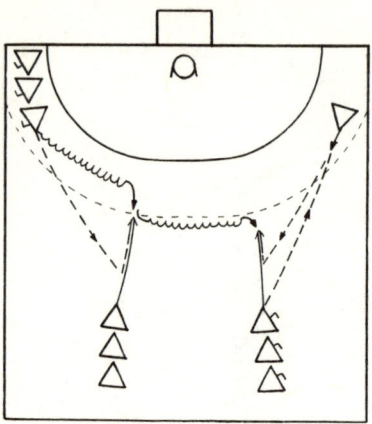

Übung 39: Nacheinander zwei Torwürfe blocken, die von den Positionen RL und RR abgegeben werden

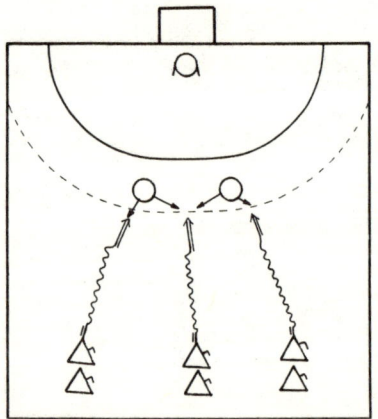

Übung 40: Nachdem jeder der beiden Abwehrspieler einen Wurf „seines" gegnerischen Rückraumspielers geblockt hat, rücken beide nach innen, um den Wurf des RM zu blocken

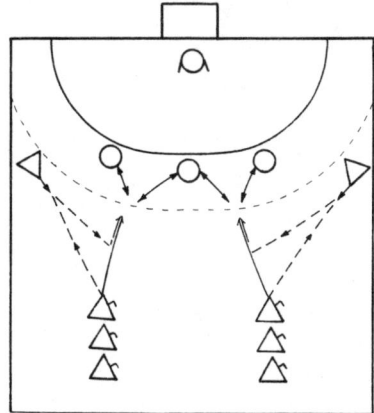

Übung 41: Zweierblocks gegen Würfe von Positionen RL und RM

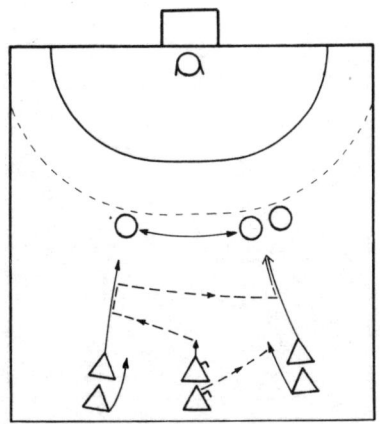

Übung 42: Der mittlere Abwehrspieler blockt im Wechsel mit seinem Partner zur linken und zur rechten

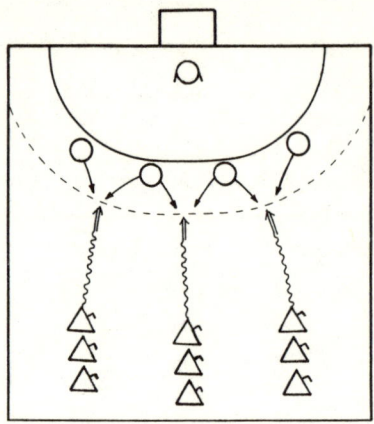

Übung 43: Paarweises Blocken gegen Würfe von den Rückraumpositionen – Üben in mehreren Serien

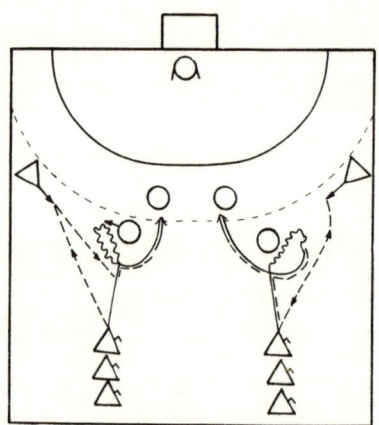

Übung 44: Blocken von Würfen nach Umspielfinte

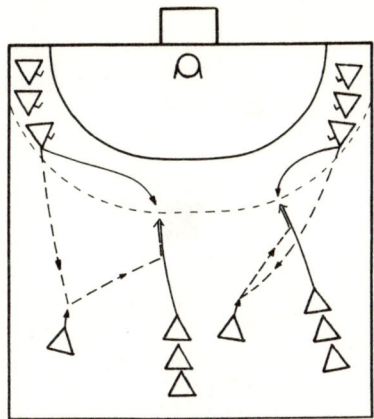

Übung 45: Blocken von Torwürfen nach dynamischem Einlaufen von den Außenpositionen

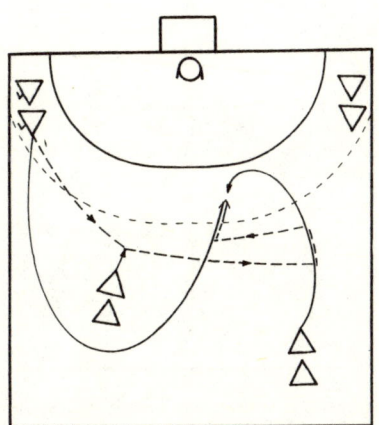

Übung 46: Der Torwurf kommt von einem Außen nach Umlaufen des gleichseitigen Rückraumspielers; es blockt der andere Rückraumspieler

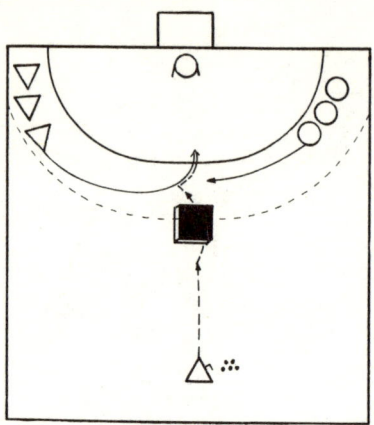

Übung 47: Der einlaufende Außen erhält das „verdeckte" Zuspiel von RM; ein Abwehrspieler versucht, den Torwurf mittels Blocken zu unterbinden

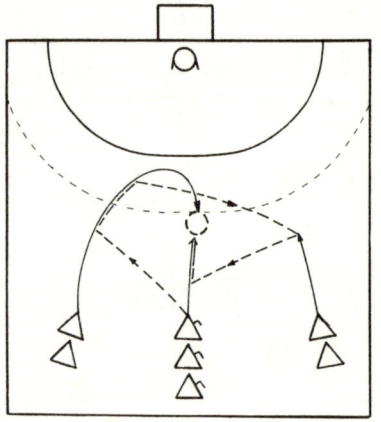

Übung 48: Die äußeren Rückraumspieler blocken die Würfe der Spieler auf der RM-Position

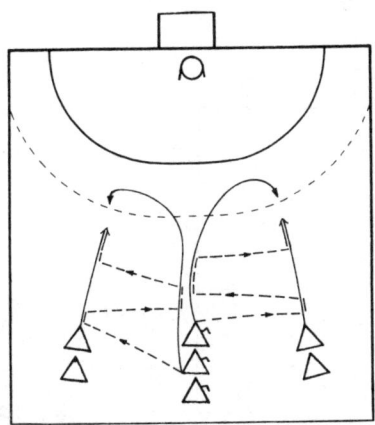

Übung 49: Die Spieler auf der Position des RM blocken die Würfe der äußeren Rückraumspieler

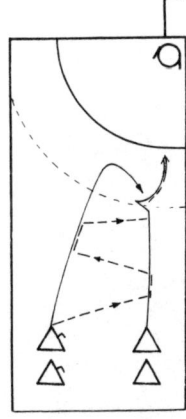

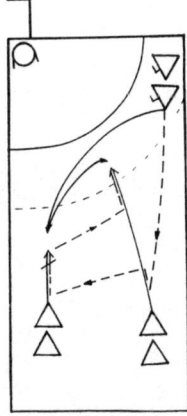

Übung 50: Zweierlauf. Der äußere Spieler wird Abwehrspieler, der andere versucht, ihm durch eine Täuschbewegung auszuweichen

Übung 51: Einlaufen des Außen, der den zu erwartenden Torwurf von RM oder RR blocken soll

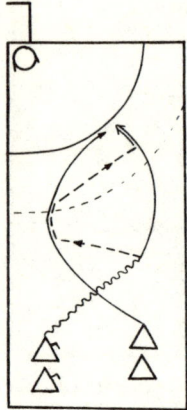

Übung 52: Doppeltes Kreuzen. Der eine Spieler strebt den Torwurf an, der andere, nunmehr Abwehrspieler, will den Wurf mittels Blocken verhindern

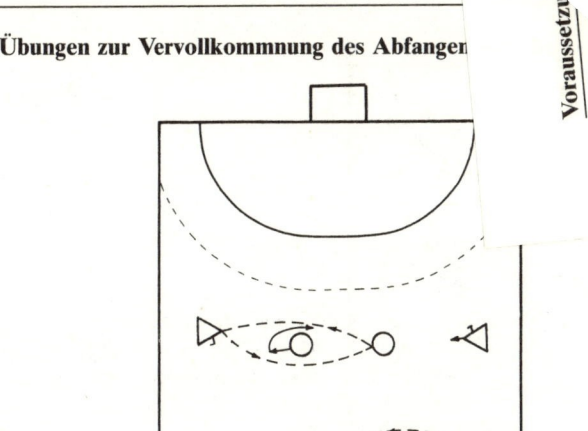

Übung 53: Zuspiele mit dem entfernteren Abwehrspieler, der andere Abwehrspieler bemüht sich, den Ball abzufangen

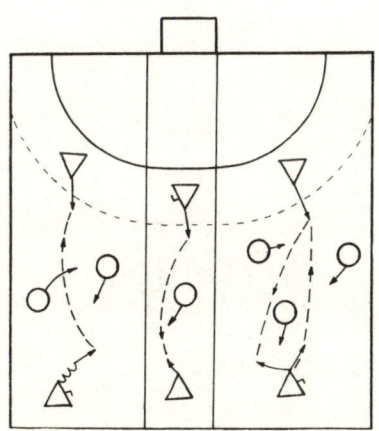

Übung 54: Abfangen des Balles auf begrenztem Raum

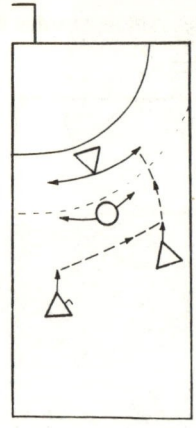

Übung 55: Der vorgeschobene Abwehrspieler versucht, ein Zuspiel abzufangen, während der Kreisspieler Mitte sich auf der Torraumlinie bewegt

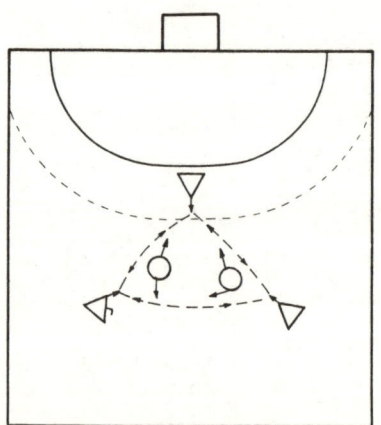

Übung 56: 3 gegen 2. Die Angriffsspieler spielen sich den Ball im Dreieck zu, die beiden Abwehrspieler stören

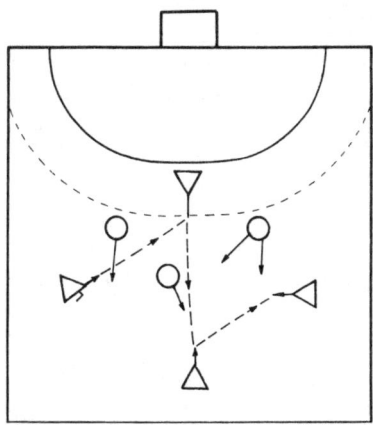

Übung 57: wie Übung 30, aber 4 gegen 3

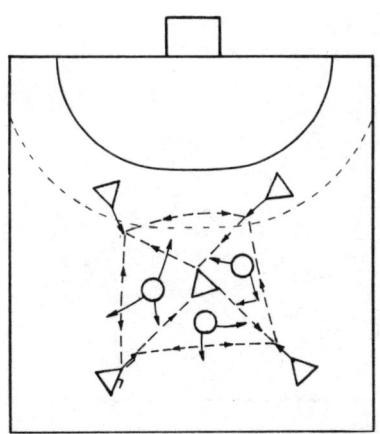

Übung 58: wie Übung 30, aber 5 gegen 3 – ein Spieler der ballbesitzenden Mannschaft fungiert als zentraler Anspielpunkt

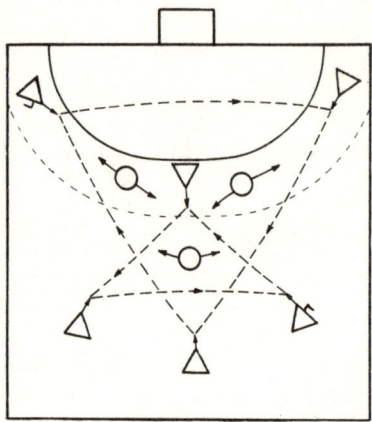

Übung 59: Die Ballbesitzer spielen sich je einen Ball in zwei Dreieckaufstellungen zu, während die Abwehrspieler versuchen, Zuspiele abzufangen. Gespielt wird nach Zeit, z. B. 2 mal 3 Minuten

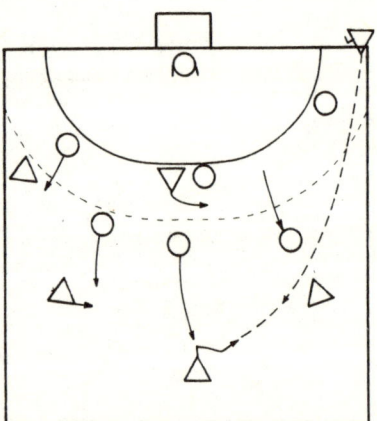

Übung 60: Aggressives Heraustreten der Abwehrspieler beim Einwurf von der Grundlinie, um den Ball abzufangen und einen Gegenstoß einzuleiten

Übungen zur Vervollkommnung des Abwehrverhaltens 1 gegen 1

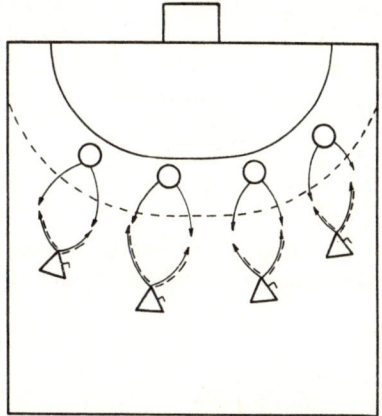

Übung 61: Die Abwehrspieler verhindern das erfolgreiche Stoßen der Angreifer, die einmal links, einmal rechts durchzubrechen versuchen. Abwandlung: Nach einigen Zuspielen versuchen die Angreifer, mittels einer Täuschbewegung durchzustoßen

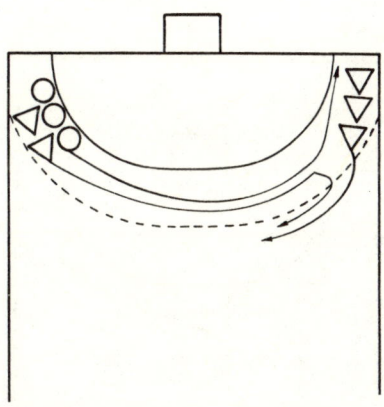

Übung 62: Übernehmen des einlaufenden Außen und Mitgehen bis auf die andere Seite

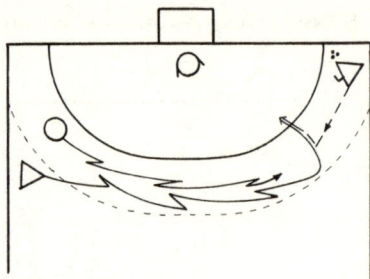

Übung 63: Der Abwehrspieler hindert den Angreifer daran, sich durch Täuschungen freizulaufen und zum Torkreis durchzudringen

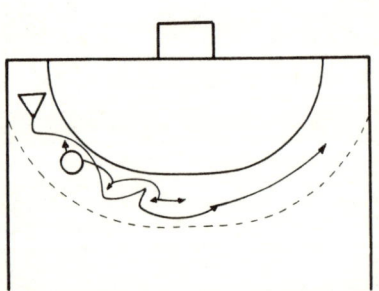

Übung 64: Zwei Spieler stehen mit dem Gesicht zueinander. Der Abwehrspieler hält den Ball gegen die Brust des Partners und versucht, ihn am Hinüberwechseln auf die andere Seite zu hindern

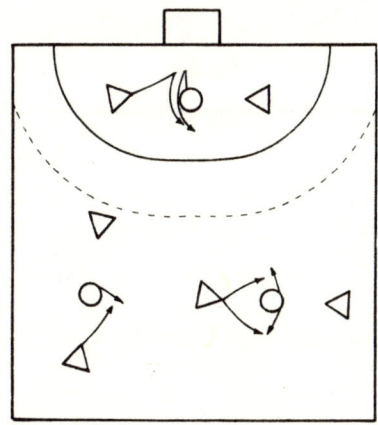

Übung 65: Es üben Dreiergruppen. Der Abwehrspieler, der sich mit Nachstellschritten fortbewegt, versucht, den gegnerischen Spieler daran zu hindern, den anderen zu fangen

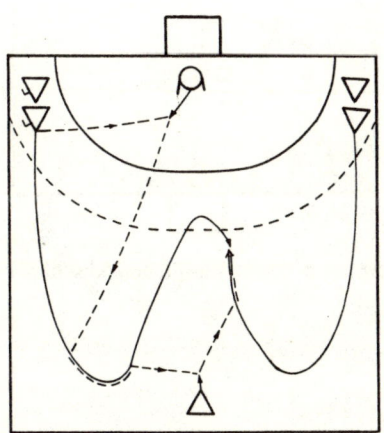

Übung 66: Wer vom RM angespielt wird, ist damit der Angreifer, der andere wird dadurch zum Abwehrspieler bestimmt

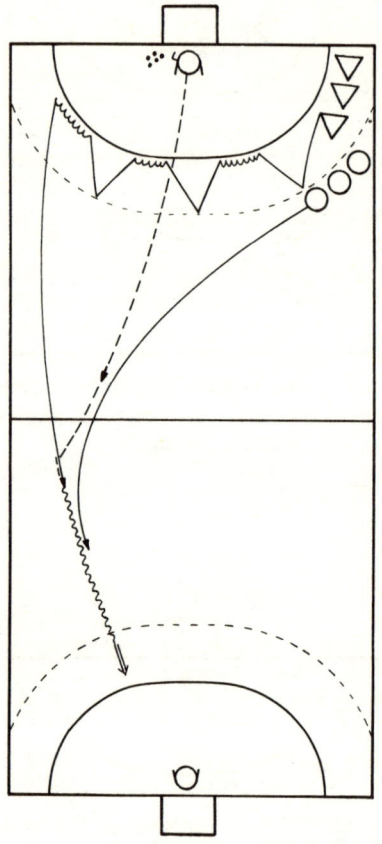

Übung 67: 1 gegen 1, um den erfolgreichen Abschluß des Gegenstoßes zu vereiteln

Vervollkommnung des Abwehrverhaltens in ausgewählten Abwehrsystemen

Die Entscheidung über das angewandte Abwehrsystem ist Sache des Trainers. Er hat dabei objektive und auch subjektive Faktoren zu berücksichtigen. Einige davon sind:
- das eigene Spielerpotential,
- die Leistungsstärke der gegnerischen Mannschaft, ihr technisch-taktisches Können, die Besetzung auf einzelnen Positionen,
- die Beherrschung der einzelnen Spielsysteme durch die eigene Mannschaft,
- die Entwicklung des Spielstandes im Verlaufe der Begegnung.

Erst nachdem diese grobe Analyse angestellt wurde, ist über die Wahl des Abwehrsystems in dem bevorstehenden Spiel zu entscheiden.

Manndeckung

Abgesehen vom Anfängerbereich, stellt das Praktizieren einer Manndeckung meist eine Überraschung dar. Wenn mit Manndeckung gespielt wird, dann fast nie über die gesamte Spielzeit, sondern in kritischen Phasen des Spiels, am ehesten in der Schlußphase.

Das Beherrschen der Manndeckung gehört zur Grundausbildung eines Handballspielers. Alle anderen Abwehrsysteme setzen das Beherrschen der Manndeckung voraus.

Die Manndeckaung wird angewandt
- um den Gegner zu überraschen und ihn aus dem Rhythmus zu bringen,
- im Kampf um eine Resultatsverbesserung,
- in den Schlußminuten von Spielen,
- in der Ausbildung von Schüler- und Jugendmannschaften

Die beiden am häufigsten angewandten **Varianten der Manndeckung** sind
1. aggressives Decken über das gesamte Spielfeld und
2. lockere Manndeckung mit Übergang zur aggressiven Deckung, wenn der Gegenspieler in Ballbesitz gelangt ist.

Die Entscheidung für die Manndeckung setzt die Beantwortung mehrerer Fragen voraus:

- In welchem Moment soll mit der Manndeckung begonnen werden?
- Über welchen Teil des Spielfeldes wird Manndeckung praktiziert?
- Welche Spieler übergeben und welche übernehmen?
- Mit welchen Mitteln antwortet der Gegner auf die Manndeckung?

Die Praxis zeigt, daß dieses Abwehrsystem in vielen Fällen wirksam ist, es setzt allerdings eine ausgezeichnete Kondition sowie eine ebenso gute technische wie auch psychische Vorbereitung der Spieler voraus.

Übungen zur Vervollkommnung der Manndeckung

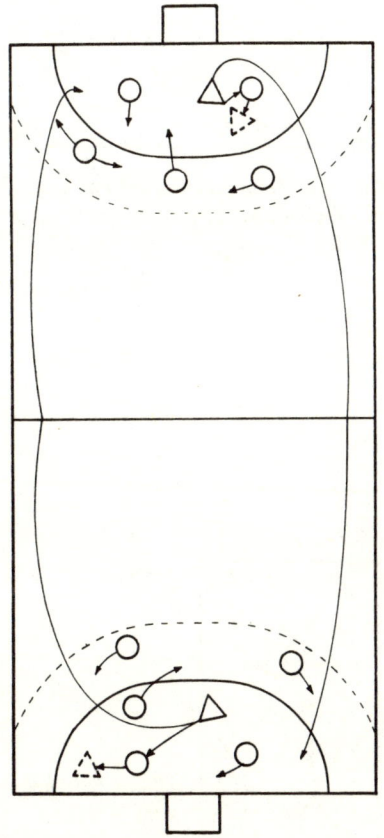

Übung 68: Haschen im erweiterten Torraum. Hat der Fänger einen beliebigen Spieler abgeschlagen, wird dieser zum Fänger, während der eben erfolgreiche Fänger in den anderen Torraum läuft.

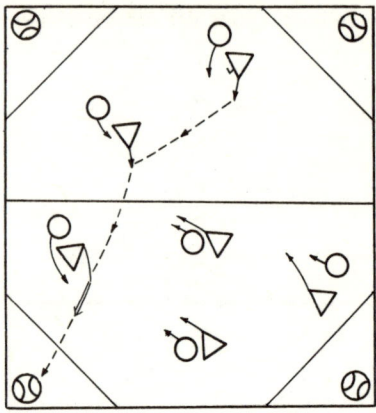

Übung 69: 6 gegen 6 mit Manndeckung auf vier Tore, die in den Ecken des Spielfeldes markiert sind. Jede Mannschaft hat zwei Tore zu verteidigen.

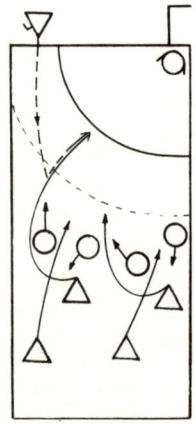

Übung 70: 4 gegen 4 mit aggressivem Decken. Der Ball wird durch einen weiteren Spieler als Einwurf von der Grundlinie ins Spiel gebracht. Gespielt wird nach Zeit, z. B. 2 x 3 Minuten

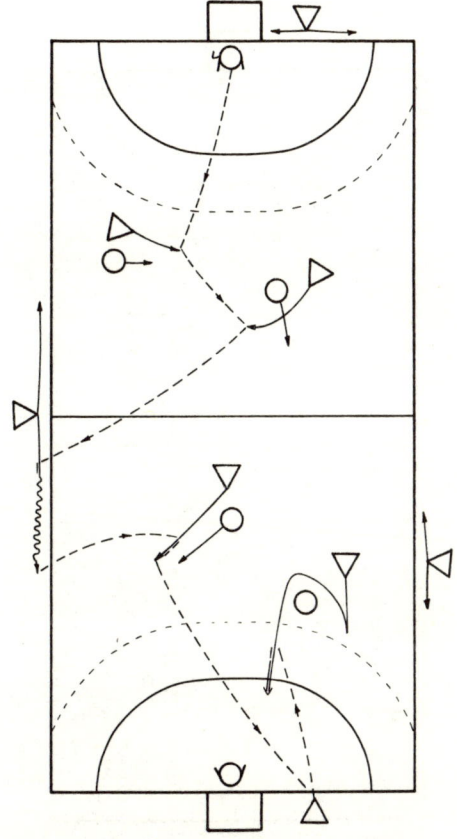

Übung 71: 4 gegen 4 oder 5 gegen 5 über das gesamte Spielfeld mit Manndeckung. Am Spiel sind drei Mannschaften beteiligt, davon zwei auf dem Spielfeld. Die Angreifer dürfen ihre Partner von der dritten Mannschaft anspielen, die außerhalb des Spielfeldes postiert sind. Spielzeit: 3 x 3 Minuten, dabei Wechsel der Mannschaften

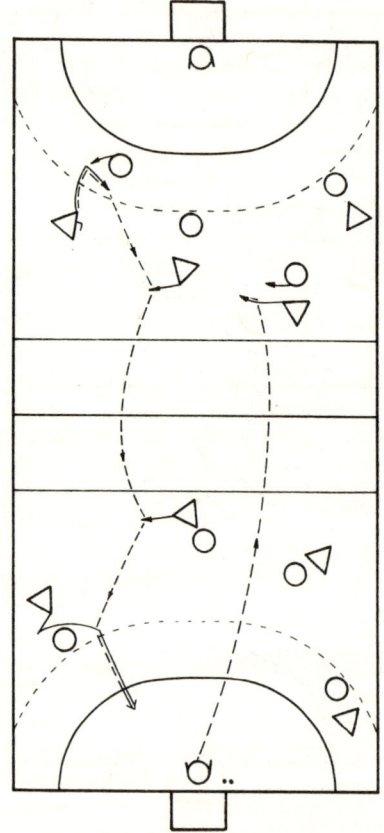

Übung 72: Spiel mit Manndeckung in zwei getrennten Spielfeldhälf-
ten. Zuspiele über den neutralen Trennstreifen zu beiden Seiten der
Mittellinie sind erlaubt. Nachdem ein Tor erzielt wurde, spielt der
Torwart den Ball ins entferntere Feld.

Raumdeckung

Organisatorisch-methodische Aspekte der Ausbildung in der Raumdeckung

- Das Abwehrspiel ist systematisch, planvoll und gestützt auf eine gut motivierte Mannschaft zu vervollkommnen.
- Durch Wettkampfsituationen sind die Spieler emotional zu fesseln.
- Der die Abwehr organisierende Spieler sollte die Gelegenheit nutzen, seine Mannschaftskameraden in einem kurzen Gespräch zu motivieren.
- Diskussionen über bestimmte Aspekte des Abwehrspiels, das gemeinsame Lösen von taktischen und anderen Problemen, die während des Trainings oder in Wettspielen auftreten, lassen die Spieler taktisch reifen und erhöhen ihr Engagement.
- Wer auf gutes Zusammenwirken mit dem Torwart Wert legt, erhöht die Wirksamkeit der Abwehr.
- Beim Abwehrtraining unnötige Pausen vermeiden.
- Die Grundsätze des Übergebens und Übernehmens sind festzulegen.
- Um eine allseitige Ausbildung zu sichern, sind die Spielerpositionen zu wechseln.
- Um individuelle Fehler auszumerzen, sind für einzelne Spieler gezielte Übungen anzusetzen.
- Im Spiel ist die Entscheidung, das Abwehrsystem zu wechseln – z. B. von 6:0 zu 3:2:1 – schnell zu treffen.
- Ein Abwehrsystem, das eingeübt ist, aber vorübergehend keinen Erfolg bringt, sollte man nicht übereilt aufgeben.
- Ein Drittel der in der Wettkampfperiode zur Verfügung stehenden Zeit sollte dem Abwehrtraining gewidmet werden.

Methodisches Vorgehen bei der Vervollkommnung der Raumdeckung

1. Spielnahes Üben mit verringerter Spielerzahl, z. B. 3 gegen 3 oder 4 gegen 4. Die Angreifer üben drei Varianten von jeder Seite.
2. 3 gegen 3 in jeder Spielfeldhälfte. Jedes Angriffstrio führt drei verschiedene Angriffsvarianten durch.
3. Die Angriffsspieler wechseln mit jedem Angriff die Positionen. Beispiel: RL und LA tauschen die Plätze.
4. 6 gegen 6. Jede Hälfte der Angriffsformation spielt nach einem anderen Konzept, was das Übernehmen des Kreisspielers erschwert.
5. 7 gegen 6 gegen den ersten Abwehrsechser.

6. Abwehrspiel in der Unterzahl: 5 gegen 6 oder 4 gegen 5.
7. Üben von extremen Varianten: 1:5, 3:3
8. Üben des fließenden Wechselns von einem Abwehrsystem zum anderen, z. B. von 3:2:1 zu 6:0
9. Die Abwehr wird dadurch höher belastet, daß alle Angriffe aus einem bestimmten Segment des Spielfeldes abgeschlossen werden. Beispiel: 7 gegen 6, es werfen nur die Kreisspieler.

Je nach Trainingsetappe können die Übungen zur Schulung der Abwehrarbeit eine Fortsetzung des Trainings konditioneller Voraussetzungen, z. B. mit Akzentuierung der Schnelligkeits-, der Kraft- oder der Ausdauerfähigkeiten, sein. In der Wettkampfperiode sollte die Verbesserung der Abwehrarbeit mittels spielnaher Übungsformen im Hauptteil, nach den technisch-taktischen Übungen, plaziert werden. Intensität und Umfang der Belastung sind allerdings keine starren Größen, sie variieren in Abhängigkeit von der Trainingsetappe. Im Vorbereitungsabschnitt wird mit hohem Umfang bei mittlerer Intensität geübt. In der Wettkampfperiode ist der Belastungsumfang verringert, und die Intensität erhöht sich.

Abwehrsystem 6:0

Die 6:0-Abwehrformation in ihrer alten Form erwies sich zunehmend als wenig effektiv. Alle Spieler waren entlang der Torraumlinie postiert, und ihr wirksames Agieren beschränkte sich auf einen Radius von 7 bis 8 m. Diese passive Verteidigung wurde aber ständig vervollkommnet, was verschiedene Abwandlungen hervorbrachte.
Vor allem wurde aggressiver verteidigt, und die Spieler traten weiter nach vorn heraus. Man begann, mit dieser Abwehrweise die Außenspieler zu attackieren und sogar die Rückraumspieler.
Die **Aufgaben der einzelnen Abwehrspieler** in der 6:0-Formation sind sehr differenziert.

Auf den **Positionen AR und AL** sind häufig Spieler eingesetzt, die im Angriff als Außenspieler agieren – schnelle, wendige Leute mit hervorragendem Orientierungsvermögen. Zu ihren **Aufgaben** zählt,
– Würfe von den Außenpositionen zu verhindern, es sei denn, das Durchlassen ist taktisch begründet;
– seitwärts mit dem Ball mitzugehen;
– das Einlaufen in den tornahen Raum – mit Ball wie auch ohne Ball – zu verhindern;
– die Außenspieler von Zuspielen abzuschirmen;
– zu Gegenstößen zu starten; viele Mannschaften leiten gegenwärtig Gegenstöße über die Außenspieler ein, die als Verbinder agieren;

– nicht zuzulassen, daß der Außenspieler eine Sperre gegen den Außenverteidiger stellt;
– nicht auf Durchbruchsfinten nach außen zu reagieren.

Die **Aufgaben der Spieler auf den inneren Positionen** sind sehr spezifisch. Die Abwehrspieler auf den **Positionen HL und HR** müssen
– mit den Außenverteidigern und mit den Spielern auf den Positionen IL und IR gut zusammenarbeiten mit dem Ziel, den Kreisläufer zu decken sowie einlaufende Außenspieler;
– die äußeren Rückraumspieler durch Heraustreten neutralisieren, denn sie sind im allgemeinen die besten Werfer;
– den Gegenstoß organisieren;
– mit dem Torwart zusammenarbeiten;
– Torwürfe blocken.

Die **Positionen IL und IR** gelten als die anspruchsvollsten und schwierigsten in der 6:0-Verteidigung. Die Spieler müssen über die auf den Positionen 2 und 5 geforderten Fähigkeiten und Fertigkeiten hinaus folgende **Aufgaben** lösen:
– konsequent auf der Seite des Balles sein und eine Position zwischen Torwart und Kreisspieler einhalten,
– gegen die Rückraumspieler heraustreten.
Die ständig wechselnden Aufgaben – einmal den Kreisläufer decken, dann gegen einen Rückraumspieler heraustreten – gestalten die Ausbildung auf diesen Positionen besonders anspruchsvoll.
Der Trainer sollte unbedingt danach streben, daß ein geeigneter Spieler dazu befähigt wird, das Abwehrspiel der Mannschaft zu lenken.

Übungen zur Vervollkommnung des Deckungsverhaltens

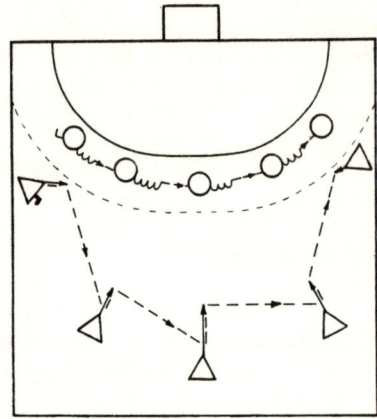

Übung 73: Die Abwehrspieler haben einen Ball zwischen den Knien eingeklemmt und rücken so entsprechend den Zuspielen der Angreifer auf

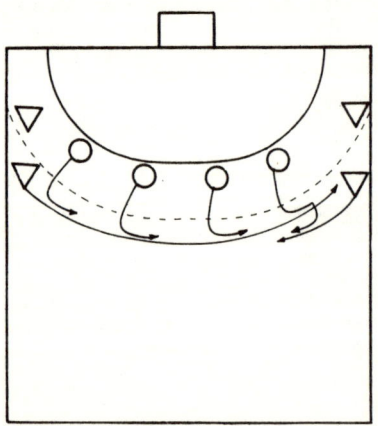

Übung 74: Heraustreten und Übergeben des vorbeilaufenden Angreifers

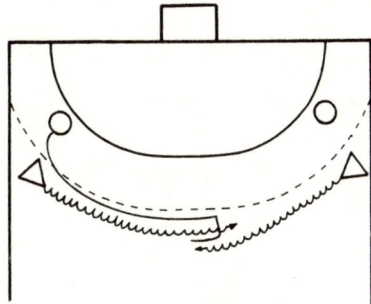

Übung 75: Mitgehen mit dem Angriffsspieler entlang der Freiwurflinie und Übernehmen eines anderen Angreifers

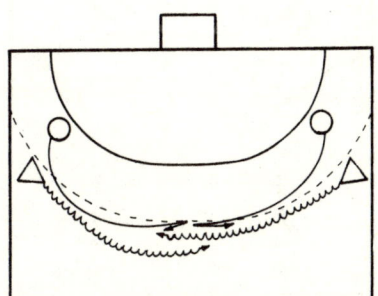

Übung 76: Auftakt wie Übung 75, aber Übergeben der einlaufenden Außenspieler

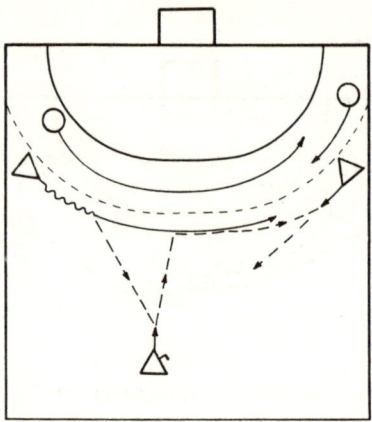

Übung 77: Mitgehen mit dem Außenspieler, der sich den Ball mit einem Rückraumspieler zuspielt

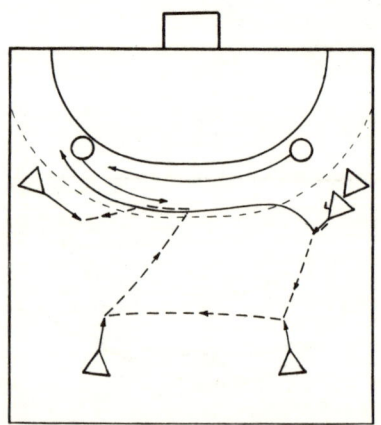

Übung 78: wie Übung 77, aber der einlaufende Außenspieler spielt sich den Ball mit zwei Rückraumspielern zu

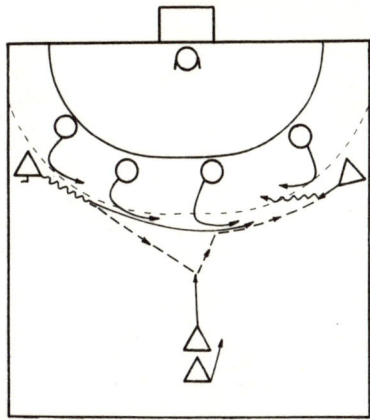

Übung 79: Heraustreten und Übergeben des Außenspielers, der sich den Ball mit dem RM zuspielt

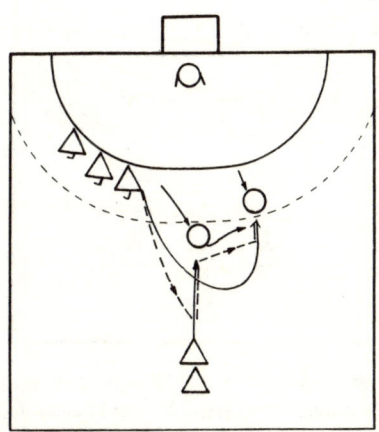

Übung 80: Übergeben des Kreisspielers, der den RM umläuft

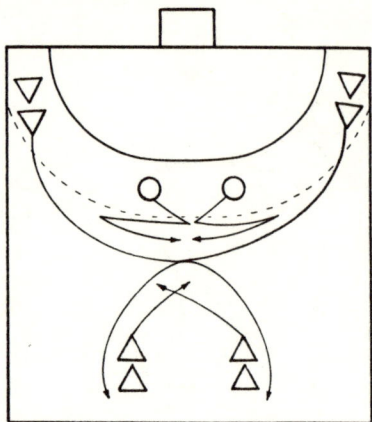

Übung 81: Mitgehen und anschließendes Übergeben. Die Übung wird von den Außenspielern eröffnet, die in den Raum vor den Abwehrspielern einlaufen, vor denen sie einen schnellen Positionswechsel ausführen und auf Rückraumspielerpositionen überwechseln. In diesem Moment setzen die beiden Rückraumspieler zu einem Positionswechsel an.

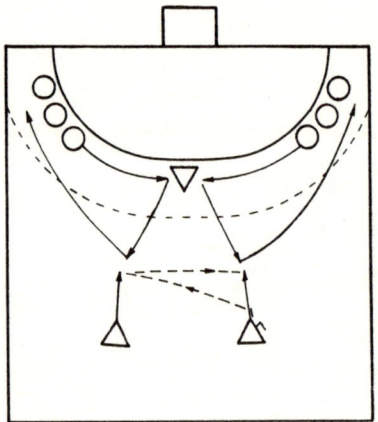

Übung 82: Zusammenwirken beim Decken des KM im Rhythmus der Zuspiele. Der jeweilige Abwehrspieler deckt zunächst den Kreisspieler und tritt dann schnell gegen den ballbesitzenden Angreifer heraus. Währenddessen deckt der Partner den Kreisspieler.

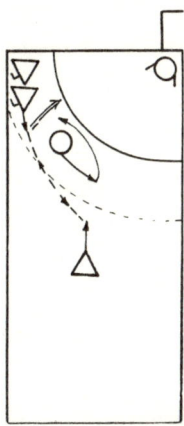 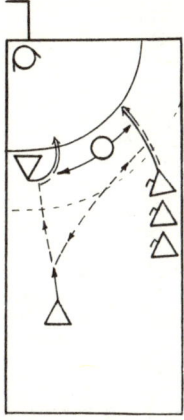

Übung 83: 2 gegen 1. Der am Torkreis postierte Abwehrspieler bemüht sich, annähernd auf Ballhöhe zu bleiben; die Angreifer versuchen, ihn abzuschütteln

Übung 84: Der Abwehrspieler, der entsprechend dem Weg des Balles den Raum deckt, versucht, das Anspielen des Kreisspielers zu verhindern.

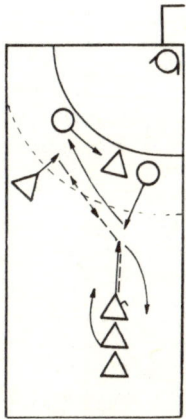 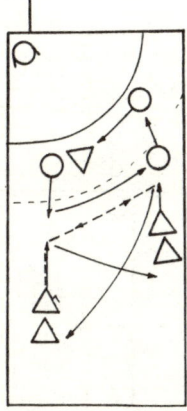

Übung 85: 3 gegen 2. Die Abwehrspieler haben die Aufgabe, gegen den RL herauszutreten und dann nach rechts zu wechseln.

Übung 86: 3 gegen 3. Die Abwehrspieler bewegen sich auf einem gedachten Rechteck und wirken dabei beim Decken des Kreisspielers zusammen

65

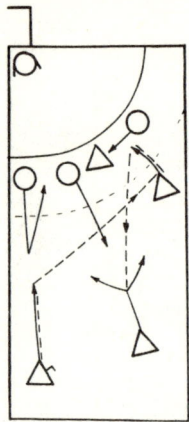
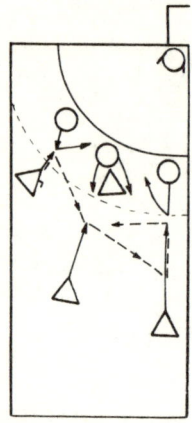

Übung 88: Die Abwehrspieler bleiben dicht an der Torraumlinie und lassen keine Torwürfe, aber auch kein Anspiel an den Kreisspieler zu

Übung 87: Die Aufgabe der Abwehrspieler ist es, schnell nach vorn herauszutreten und andererseits die Lücken zu schließen

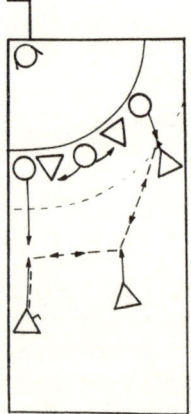

Übung 89: 5 gegen 3. Zusammenwirken beim Decken des Kreisspielers. Der Mittelverteidiger deckt den Kreisläufer, wenn seine Partner heraustreten

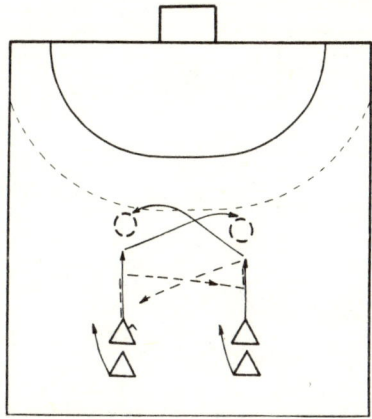

Übung 90: Stoßen und nach diagonalem Positionswechsel zur Abwehrarbeit übergehen

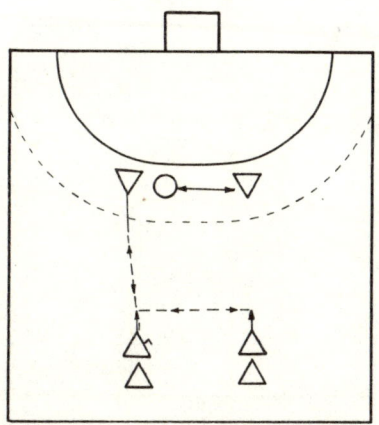

Übung 91: Der Abwehrspieler pendelt an der Torraumlinie und deckt die Kreisspieler

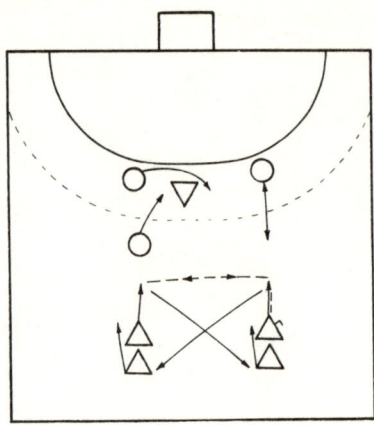

Übung 92: Heraustreten gegen den Ballbesitzer und Übergeben des Kreisspielers

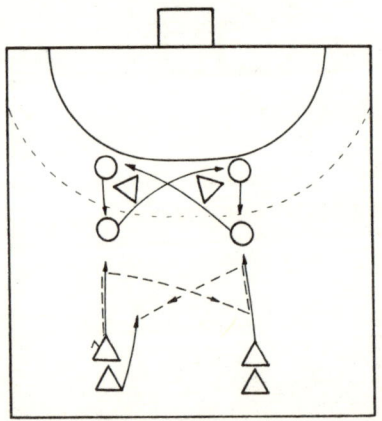

Übung 93: Die Abwehrspieler treten frontal heraus und ziehen sich diagonal zum Torkreis zurück, wobei sie einander die Kreisspieler übergeben

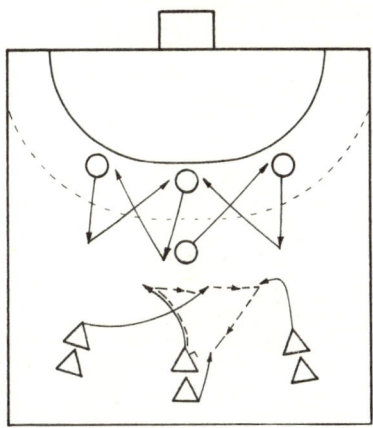

Übung 94: Die Laufwege der Abwehrspieler entsprechen zwei liegenden Achten, die Angreifer kreuzen: RM mit RL

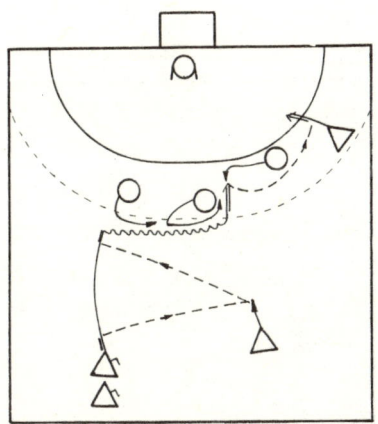

Übung 95: Übergeben des ballführenden Angreifers in der Nahwurfzone, der danach strebt, zum Torwurf zu kommen oder den Außen anzuspielen

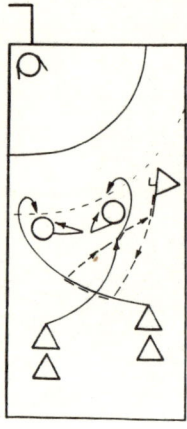

Übung 96: Die Rückraumspieler kreuzen mit Ball, Aufgabe der Abwehrspieler ist es, sie zu übernehmen

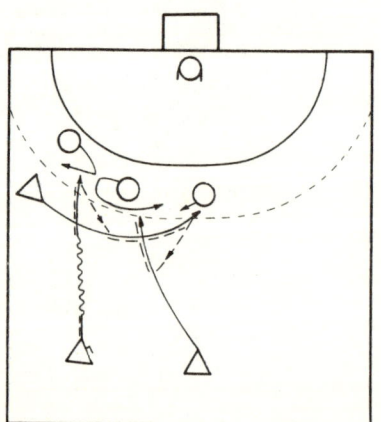

Übung 97: Zweifaches Kreuzen: RL – RA – RM. Die Abwehrspieler übernehmen und gestatten keinen Torwurf

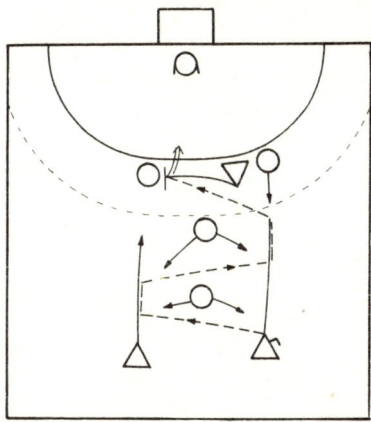

Übung 98: Die angreifenden Rückraumspieler wollen den Kreisspieler anspielen, der von zwei Abwehrspielern bedrängt wird

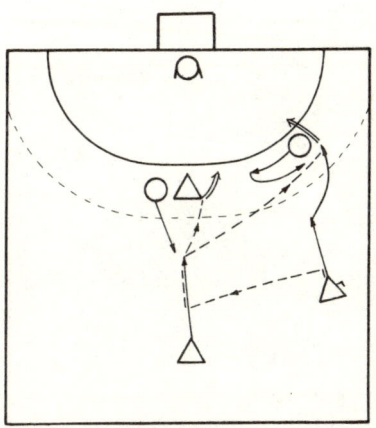

Übung 99: 3 gegen 2. Energisches Einlaufen des RR. Der Außenverteidiger muß schnellstens zurücklaufen, um die Aktion zu unterbinden

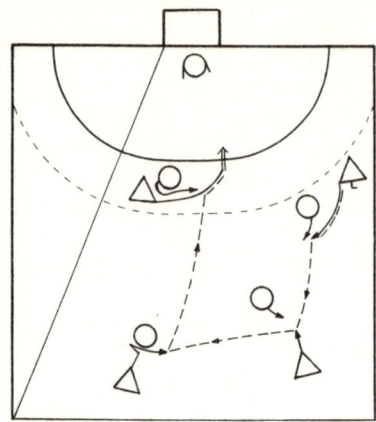

Übung 100: 4 gegen 4. Aggressives Heraustreten der Abwehrspieler mit dem Ziel, den Ball zu erkämpfen bzw. kein Anspiel zum Kreisspieler zuzulassen

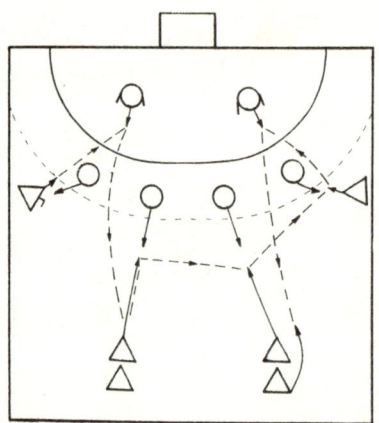

Übung 101: Stoßen: Außen (– Torwart) – Rückraumspieler. Die Abwehrspieler üben das schnelle Heraustreten und das aggressive Dekken der Wurfhand

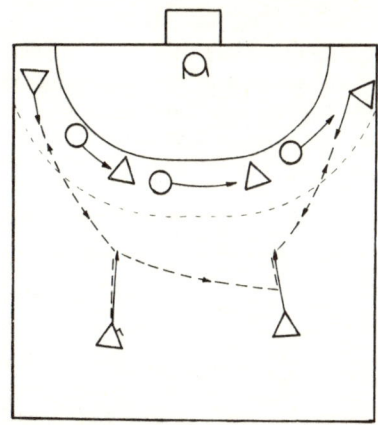

Übung 102: Zuspiel über die Rückraumspieler von einer Seite zur anderen. Die Abwehrspieler gehen mit dem Ball mit und übergeben die Kreisspieler

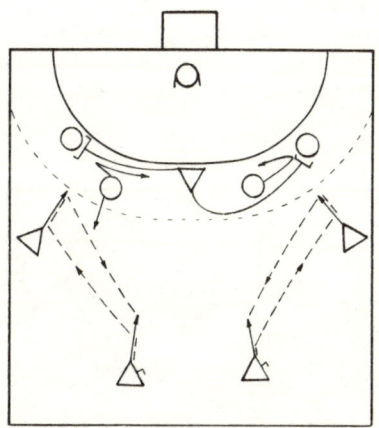

Übung 103: Der Kreisspieler will Sperren laufen gegen die Außenverteidiger. Die Innenverteidiger stören.

Abwehrsystem 3:2:1

Die traditionelle jugoslawische Abwehr 3:2:1 wird in abgewandelter
Form immer häufiger angewendet. Bei dieser Variante verkürzen die
Außenspieler die Basis des Dreiecks und rücken in Richtung Zentrum
des Freiwurfraumes. Die Spieler HR und HL sind in 9 bis 10 m Entfer-
nung postiert, während VM den RM deckt, und zwar noch in einer
Torentfernung von 15 m.

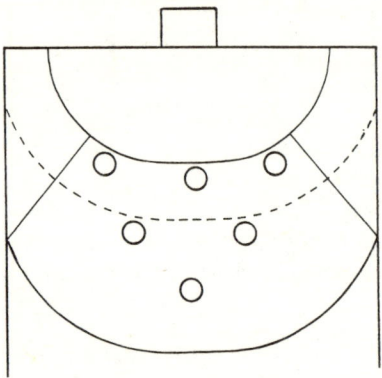

Eine solche Aufstellung sichert der Abwehr Breite und Tiefe und
drängt die Rückraumspieler vom Tor weg.
Diese Abwehrformation wird elastisch gehandhabt, je nachdem, wo
sich der Ball gerade befindet. Ist der Ball beim Spieler RM, sind die
einzelnen Spielerpositionen mit der Grundaufstellung identisch. Hat

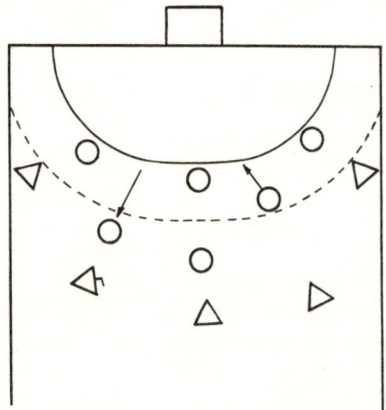

der RL den Ball, tritt der Abwehrspieler HR zu ihm. HL dagegen zieht sich in Richtung Torraumlinie zurück, um den Abwehrblock zu massieren.

Hat ein Außenspieler, beispielsweise der RA, den Ball, so wird er vom Abwehrspieler AL aggressiv gedeckt mit dem Ziel, den Ball zu erkämpfen, aber auch, ein Einlaufen und Umlaufen zu verhindern. Der Kreisspieler wird im allgemeinen vom Abwehrspieler HM manngedeckt. Der vorgeschobene Abwehrspieler VM nimmt eine defensive oder auch offensive Position ein; er muß ausgezeichnet in der Lage sein, sich aus Sperren freizumachen und gut mit den Spielern der zweiten Reihe beim Übergeben/Übernehmen zusammenzuarbeiten.

Die besprochene Abwehrformation zeichnet sich unter anderem durch folgende **Vorzüge** aus:
- Sie ist sehr wirksam gegen Mannschaften, die ohne Positionswechsel spielen.
- Sie schränkt die Möglichkeiten der Rückraumspieler, zum Torwurf zu gelangen, ein.
- Jeder Angreifer – mit Ausnahme der Kreisspieler – hat zwei Abwehrspieler vor sich.
- Jeder hat genau bestimmte Aufgaben.
- Spielbewertung und Selbstbewertung der Spieler sind relativ leicht möglich.
- Dieses Abwehrsystem schult die individuellen Fähigkeiten und Fertigkeiten der Spieler.
- Es schafft gute Möglichkeiten für Gegenstöße.

Die 3:2:1-Abwehr hat auch einige **Nachteile:**
- Sie ist wenig wirksam gegen Mannschaften, die im Angriff Positionswechsel anwenden.
- Sie bietet gute Möglichkeiten, über die Flügel anzugreifen.
- Sie erfordert eine ausgezeichnete Kondition und eine stabile psychische Verfassung.

In Kenntnis der Schwachstellen der 3:2:1-Abwehr bedienen sich die **Angreifer** häufig folgender **taktischen Mittel:**
- Die Außenspieler versuchen, sich 1 gegen 1 durchzusetzen und wenden das Einlaufen mit und ohne Ball an.
- Der Kreisspieler stellt Sperren für die Rückraumspieler oder wechselt die Position mit den Außenspielern.
- Die Rückraumspieler laufen ohne Ball auf die Position des zweiten Kreisspielers ein oder vom Ball weg oder wenden Positionswechsel mit Kreuzen an.

Wenn sich eine Mannschaft daran macht, die 3:2:1-Abwehr zu erlernen und zu vervollkommnen, sollte auf folgende Elemente besonderer Wert gelegt werden:
- die Aufstellung,
- das Fortbewegen in alle Richtungen,
- Kampf um den Ball,
- das Blocken von Würfen,
- das Unterbrechen von gegnerischen Aktionen (taktisches Foul),
- das Abfangen zu Zuspielen,
- das Stören bei der Fortbewegung ohne Ball,
- das Decken der Wurfhand,
- das Übergeben,
- das Mitgehen mit dem eigenen Mann
- Starts zum Gegenstoß,
- das Vereiteln einer Sperre,

Für das Erlernen und Vervollkommnen der 3:2:1-Abwehr hat sich folgende **Systematik von Übungsformen** bewährt:
1. technisch-taktische Ausbildung der Spieler für das Zusammenwirken in der Gruppe,
2. spielnahe Übungsformen
3. Vortragen eines Gegenstoßes.

Technisch-taktische Übungen für das Zusammenwirken in der Gruppe

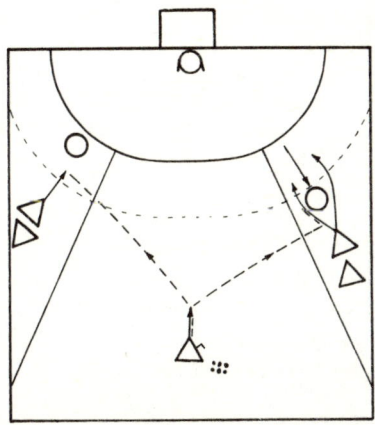

Übung 104:
– Abwehrspieler AR verteidigt an der Torraumlinie (links)
– Abwehrspieler AL tritt zum Angreifer mit dem Ball heraus (rechts)

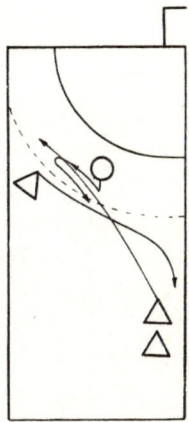

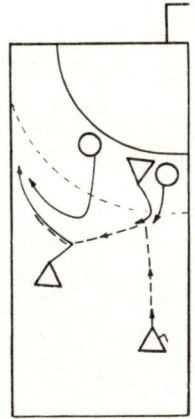

Übung 105: Der Abwehrspieler übt das Übernehmen: 1. LA, 2. RL

Übung 106: Abdrängen des ballführenden Angreifers zur Außenlinie

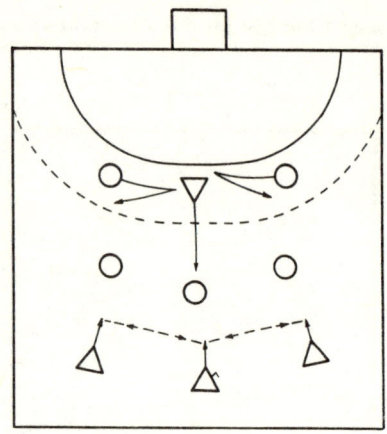

Übung 107: 4 gegen 5. Decken des Kreisspielers

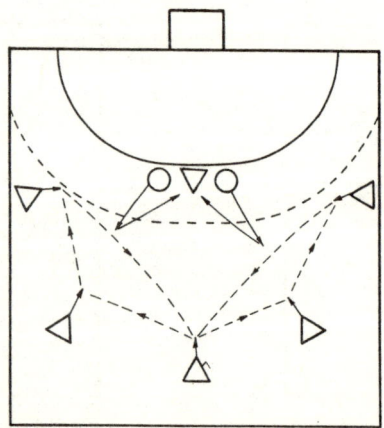

Übung 108: Heraustreten der Abwehrspieler gegen die äußeren Rückraumspieler und Übergeben des Kreisspielers

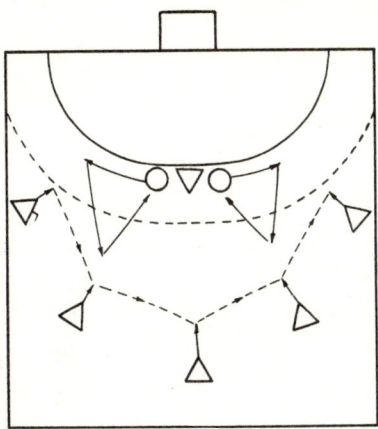

Übung 109: Die Abwehrspieler rücken nach außen, treten heraus gegen die Rückraumspieler und decken den Kreisspieler

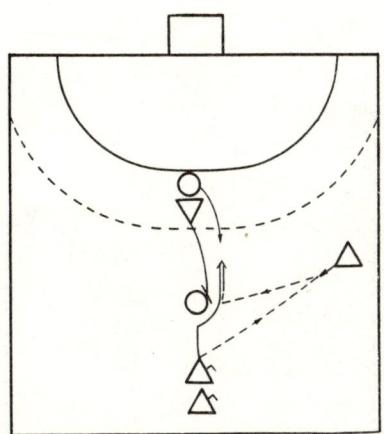

Übung 110: Zusammenwirken der Abwehrspieler bei einer Sperre durch den Kreismittelspieler

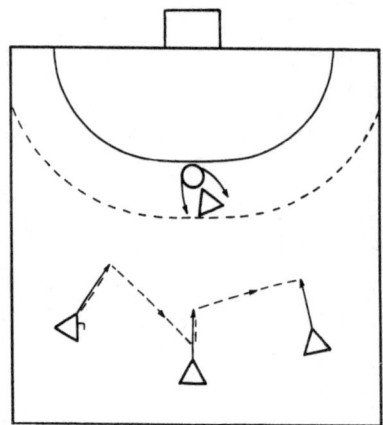

Übung 111: Der Abwehrspieler schirmt den Kreisspieler gegen ein Zuspiel ab

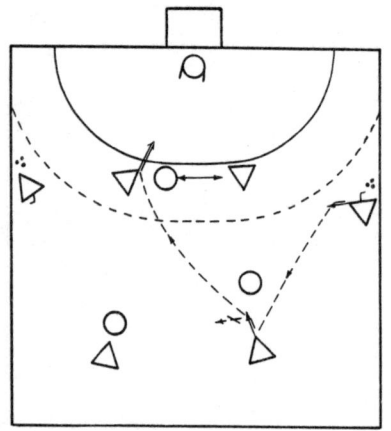

Übung 112: Die äußeren Rückraumspieler spielen im Wechsel einen der Kreisspieler an. Die Abwehrspieler stören.

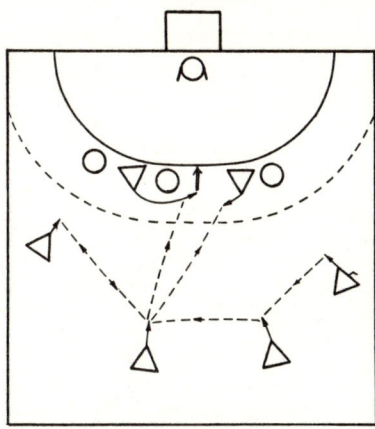

Übung 113: Einlaufen des linken Kreisspielers

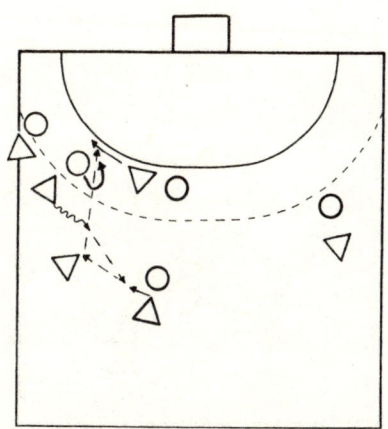

Übung 114: Der linke Außenspieler zieht „seinen" Abwehrspieler mit, auf dessen Position der Kreisspieler einläuft.

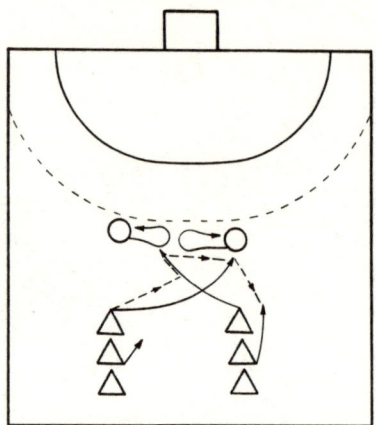

Übung 115: Zweifaches Kreuzen. Die Abwehrspieler übergeben einander die Rückraumspieler

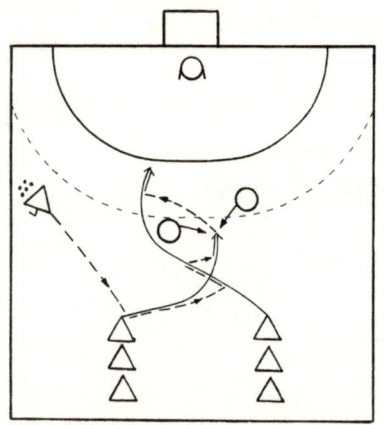

Übung 116: wie Übung 108 – die Aktion wird mit Torwurf abgeschlossen

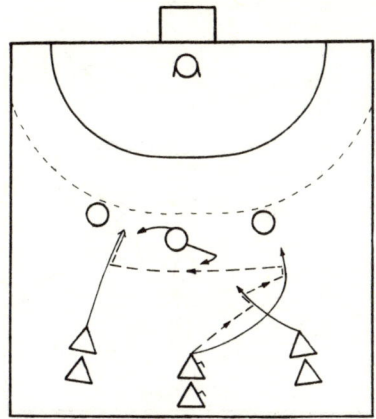

Übung 117: 3:3. Kreuzen von RR mit RM, Zuspiel an RL

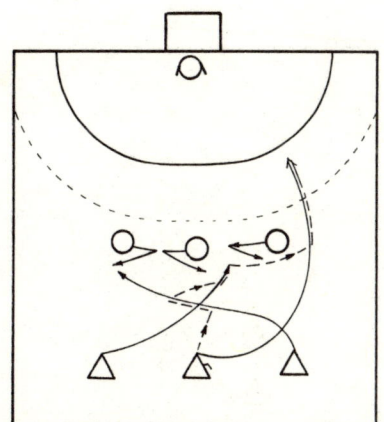

Übung 118: 3 gegen 3. Kreuzen – Abspiel – Abspiel, RM schließt die Aktion mit Torwurf ab

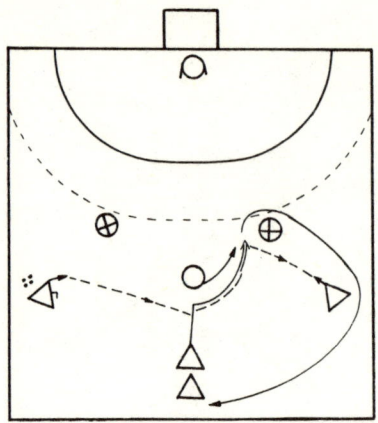

Übung 119: Der vorgezogene Abwehrspieler deckt aggressiv den Rückraumspieler Mitte

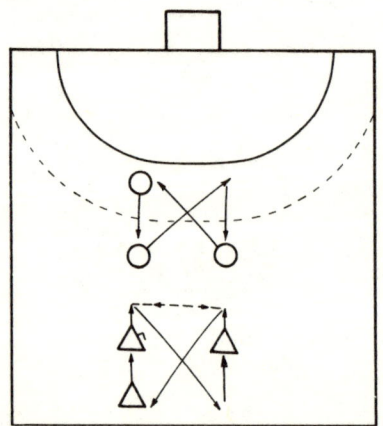

Übung 120: Steil heraustreten, diagonal zurückgehen

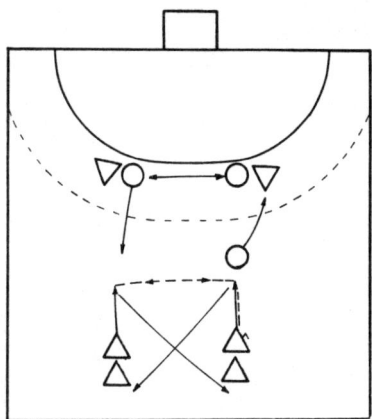

Übung 121: Heraustreten zweier Abwehrspieler gegen die äußeren Rückraumspieler; der dritte Abwehrspieler deckt den Kreisspieler

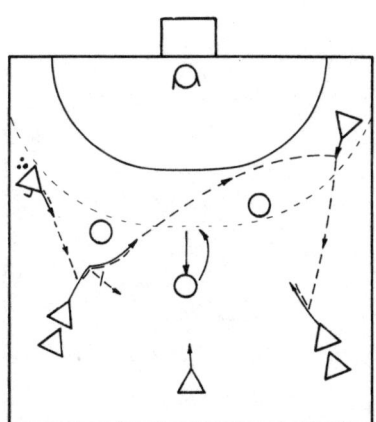

Übung 122: Zusammenwirken der vorgeschobenen Abwehrspieler, die Zuspiele an die Außenspieler zu verhindern suchen.

Spielnahe Übungsformen

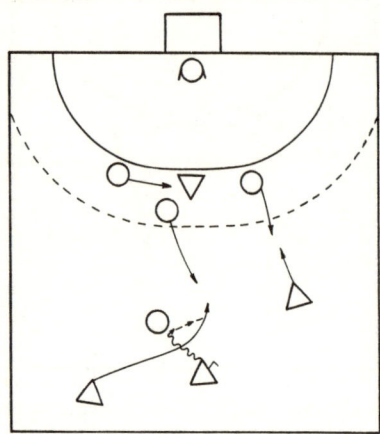

Übung 123: 4 gegen 4. Zusammenwirken der Abwehrspieler beim Decken des Kreisspielers

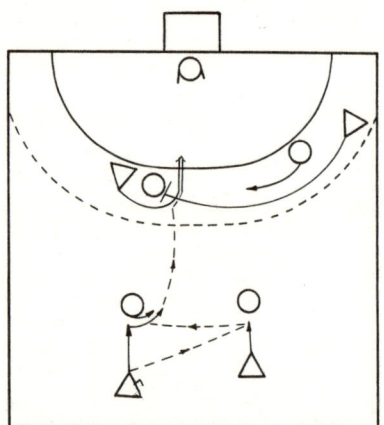

Übung 124: 4 gegen 4. Der Abwehrspieler stört beim Einlaufen des Außenspielers, der Kreisspieler versucht, die Sperre auszunutzen

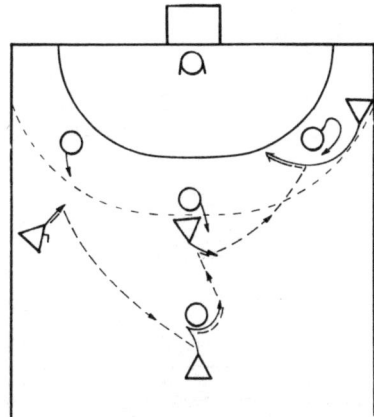

Übung 125: 4 gegen 4. Zusammenwirken der Abwehrspieler der ersten und dritten Reihe

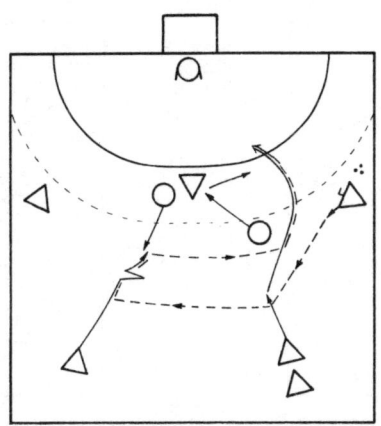

Übung 126: Zusammenarbeit der Abwehrspieler beim Decken des Kreisspielers

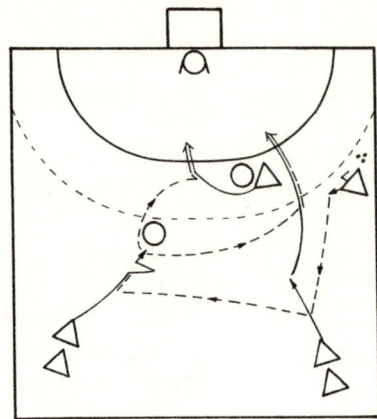

Übung 127: Der Kreisspieler bemüht sich, die Abwehr in die Mitte der Nahwurfzone zu ziehen, so daß der rechte Rückraumspieler dynamisch einlaufen und werfen kann

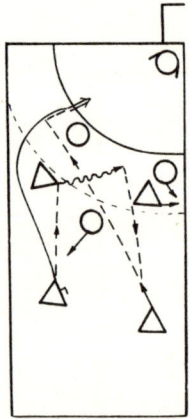

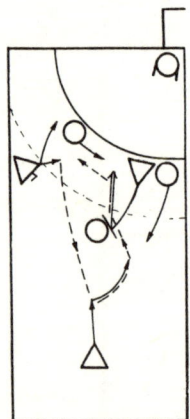

Übung 128: 4 gegen 3. Abwehrspieler AR (HR) darf nicht zulassen, daß RL zum Torwurf kommt

Übung 129: 3 gegen 3. Sperre des Kreisspielers gegen den vorgeschobenen Abwehrspieler

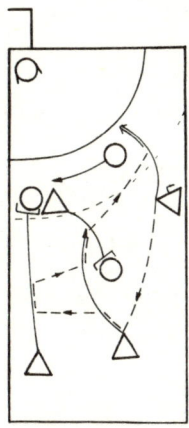

Übung 130: 4 gegen 3. Der Außenverteidiger rückt nach links, anschließend kehrt er zum rechten Außenspieler zurück

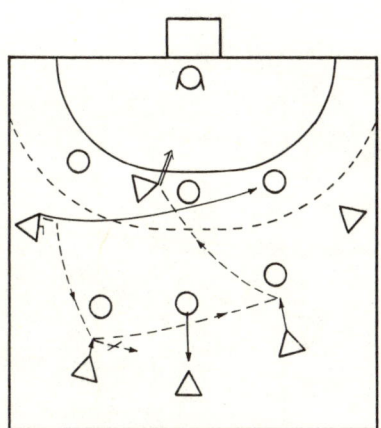

Übung 131: Einlaufen des linken Außenspielers. Im Augenblick des Kreuzens mit dem rechten Kreisspieler spielt der Rückraumspieler rechts an den Kreis

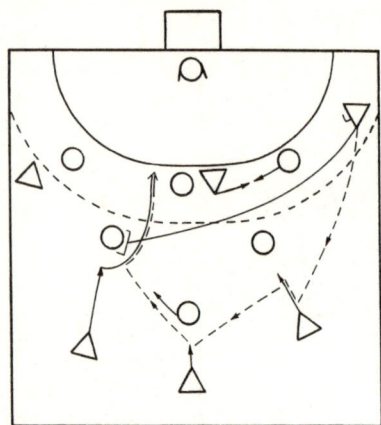

Übung 132: Einlaufen des rechten Außenspielers, der eine Sperre gegen den vorgerückten Abwehrspieler stellt

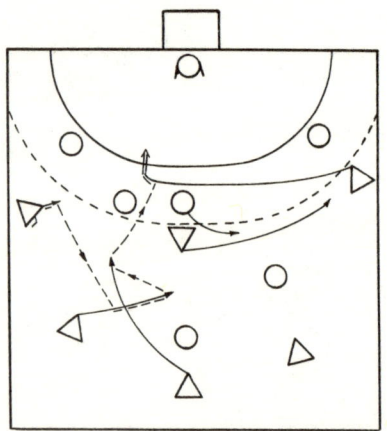

Übung 133: Positionswechsel des rechten Außenspielers mit dem Kreismittelspieler sowie zwischen Rückraumspieler links und Rückraumspieler Mitte

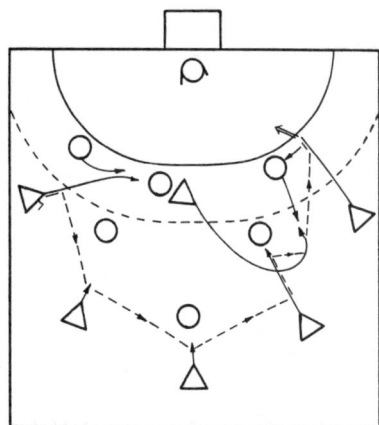

Übung 134: Der Kreismittelspieler umläuft den Rückraumspieler rechts und spielt dann nach außen

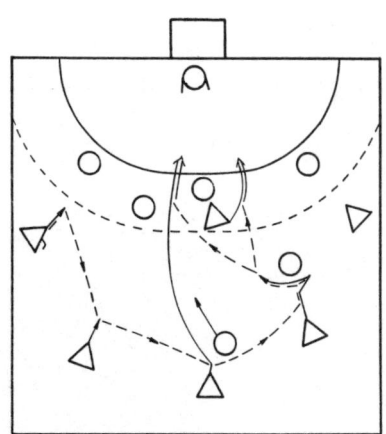

Übung 135: RM läuft energisch in die Nahwurfzone ein

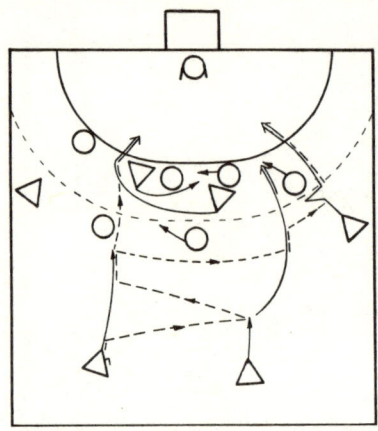

Übung 136: Positionswechsel Kreisspieler – Kreisspieler

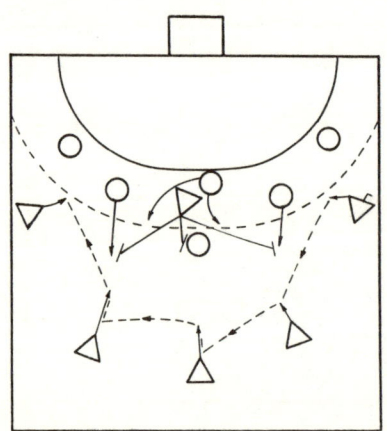

Übung 137: 6 gegen 6. Der Kreisspieler versucht, eine Sperre gegen den vorgerückten Abwehrspieler zu stellen.

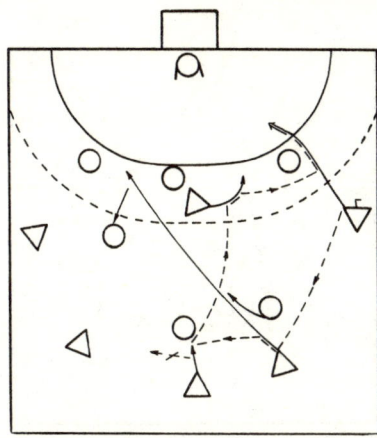

Übung 138: RR läuft auf die Position von LA ein

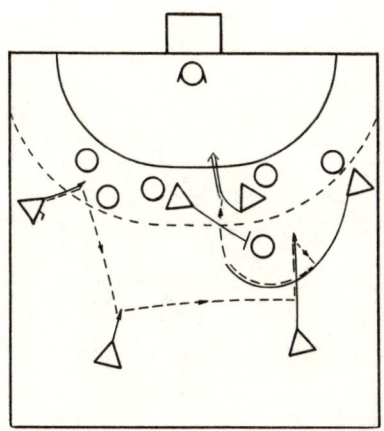

Übung 139: RA umläuft RR, profitiert von der Sperre und spielt ab zum Kreis

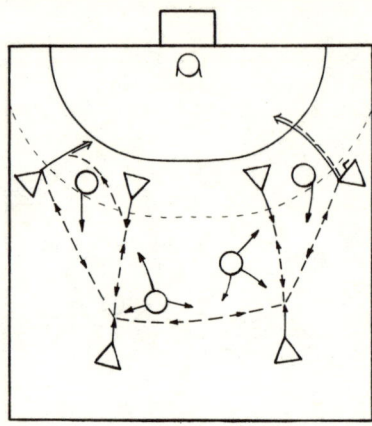

Übung 140: 6 gegen 4. Die Abwehrspieler am Kreis sollen Torwürfe der chancenreichsten Angreifer, der Außen, vereiteln

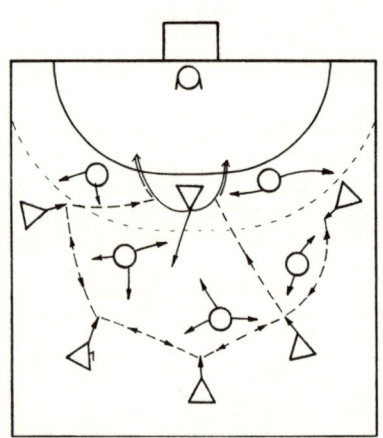

Übung 141: 6 gegen 5. Torgefahr geht vom Kreismittelspieler und von den Rückraumspielern aus

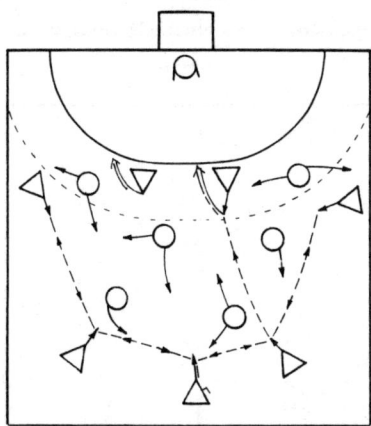

Übung 142: 7 gegen 6. Aufgabe der aggressiven Abwehr ist es, keine Zuspiele an den Kreis zuzulassen

Einlciten des Gegenstoßes aus einer elastischen Abwehrformation

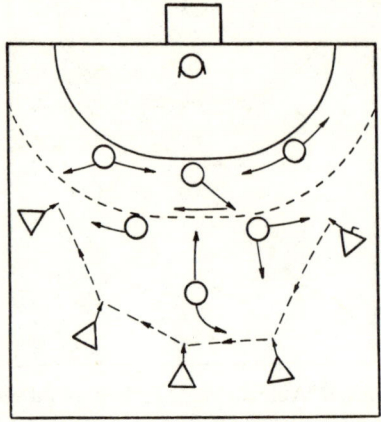

Übung 143: Die Abwehrspieler üben das Nachrücken

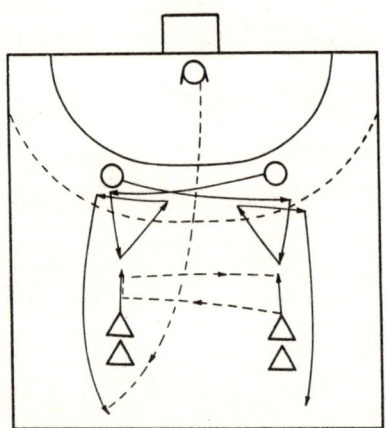

Übung 144: Gegenstoß nach Positionswechsel in der Abwehr (Beinarbeit entlang den Seiten eines Dreiecks)

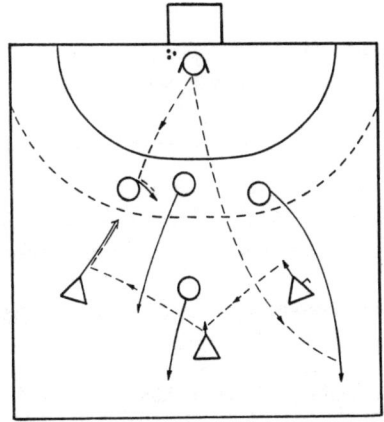

Übung 145: 3 gegen 4. Gegenstoß – direkt oder indirekt

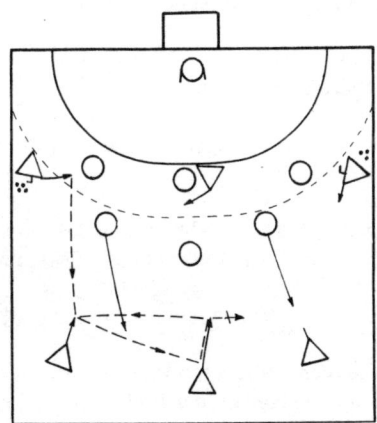

Übung 146: 6 gegen 6. Umschalten auf Gegenstoß nach Abfangen eines Zuspiels

Torwarttraining
– technisch-taktische Übungen

Übung 147: Schneller Lauf von einem Pfosten zum anderen –
a) Sprint   b) Nachstellschritte seitwärts

Übung 148: Von der Tormitte Einbeinsprünge zum Torpfosten und
zurück

Übung 149: Von der Tormitte aus schnellstens den rechten und den
linken Torpfosten berühren und zurück in die Ausgangsstellung

Übung 150: Ziehharmonikalauf unter Einbeziehung von Linien in
4 m, 6 m, 7 m und 9 m Entfernung

Übung 151: Der Reihe nach alle Ecken des Tores berühren

Übung 152: Im Pendellauf zu mehreren Bällen an der Torraumlinie
starten – dazwischen immer wieder zur Torlinie zurückkehren

Übung 153: Bumeranglauf von der Tormitte aus zu verschiedenen im
Torraum ausgelegten Bällen

Übung 154: Aus dem Hürdensitz an einem Torpfosten schnell überwechseln in den Hürdensitz am anderen Pfosten

Übung 155: Auf ein Signal dreht sich der Torwart um und berührt die
ihm zugerufene (gezeigte) Nummer

Übung 156: Antritt nach vorn gegen ein um die Hüften gelegtes Gum-
miseil o. ä.

Übung 157: Schnelles Auf- und Abbewegen der seitwärts gesteckten
Arme gegen den Widerstand zweier oben befestigter Gummiseile

Übung 158: Wie zuvor, aber die Gummiseile sind am Boden befestigt

Übung 159: Die seitlich am rechten Pfosten befestigten Gummiseile
hält der Torwart in den Händen, der Bälle zum linken Fuß abwehren
soll

Übung 160: Die Gummiseile, links und rechts an den Pfosten befestigt, enden an den Fußgelenken – der Torwart wehrt flache Würfe ab

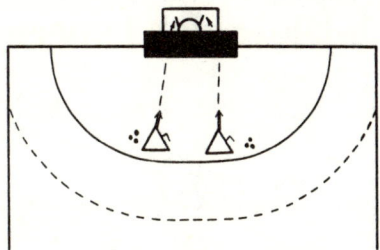

Übung 161: Vor dem Torwart steht ein Schaumgummiwürfel oder ein Kasten. Der Torwart wehrt im Sitzen die Bälle ab

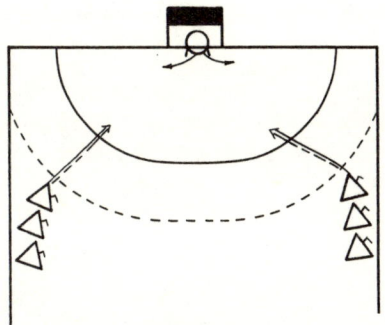

Übung 162: Der obere Teil des Tors ist abgedeckt – der Torwart wehrt nur mit den Beinen ab

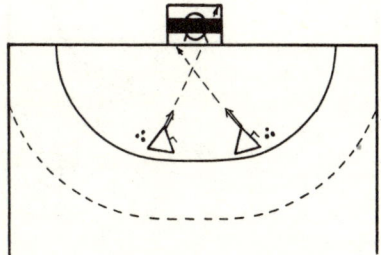

Übung 163: Der mittlere Bereich des Tors ist verdeckt – der Torwart wehrt mit Armen und Füßen ab

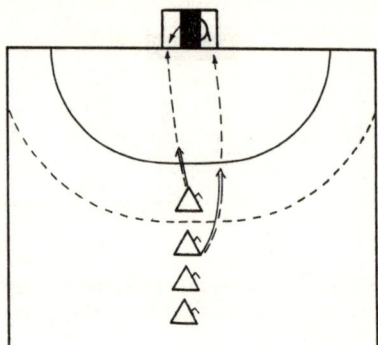

Übung 164: Der Torwart steht hinter der Schaumgummimatte und wehrt die im Wechsel links und rechts ankommenden Bälle ab

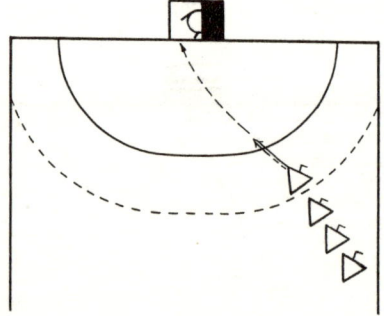

Übung 165: Der Torwart wehrt jedesmal die in die entfernte Ecke geworfenen Bälle ab

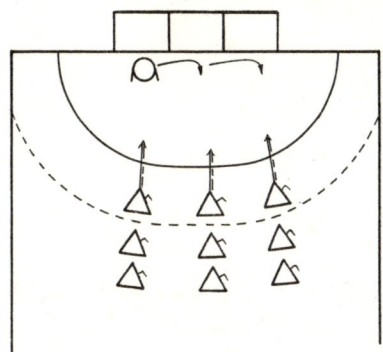

Übung 166: Der Torwart wehrt der Reihe nach im linken, im mittleren und im rechten Tor ab

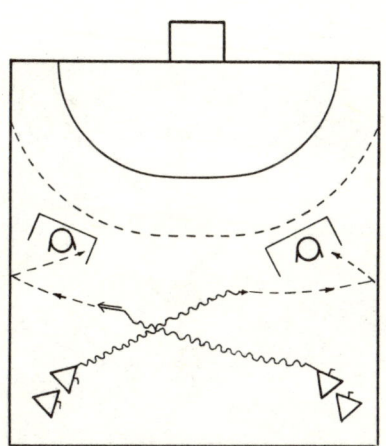

Übung 167: Abwehr der von der Seitenwand ins Tor prallenden Bälle

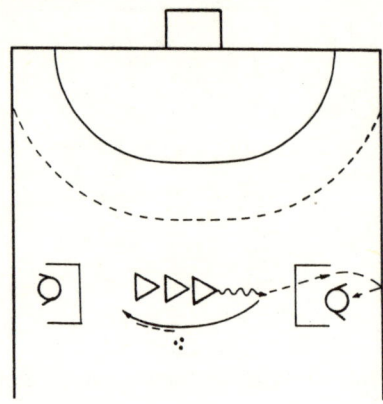

Übung 168: wie Übung 167, die Bälle werden aber hinter dem Tor abgeworfen

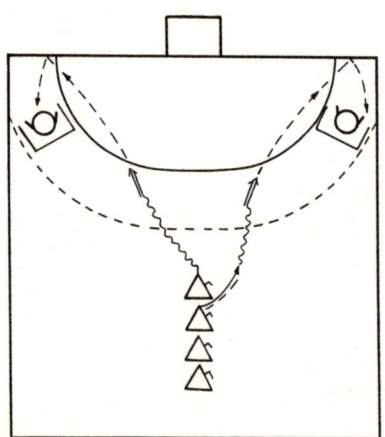

Übung 169: Die Tore sind in den Hallenecken aufgestellt – Abwehr der von der Wand abprallenden Bälle

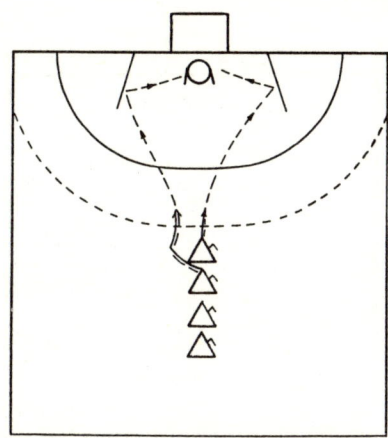

Übung 170: Abwehr der von den Kästen oder Turnbänken abprallenden Bälle

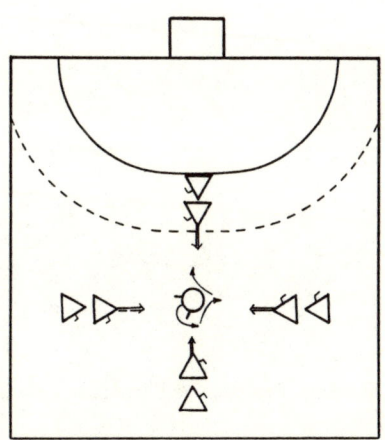

Übung 171: Nach seiner Abwehraktion führt der Torwart eine Viertel-
drehung aus

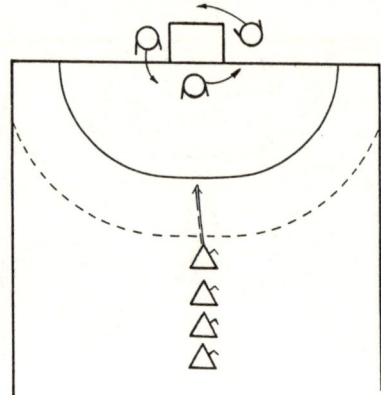

Übung 172: Nach der Abwehraktion müssen die Torwarte das Tor umlaufen

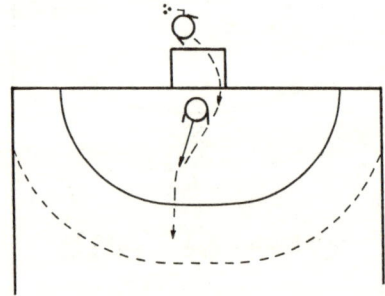

Übung 173: Zuspiel zum Torwart von hinten über das Tor – Einleitung eines Gegenstoßes
Variante: Es werden zwei Bälle von unterschiedlicher Farbe oder sonstiger Kennzeichnung geworfen, der Torwart startet zu dem *angesagten* Ball

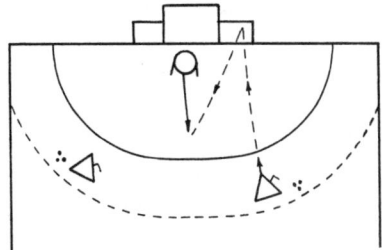

Übung 174: Einleiten eines Gegenstoßes, nachdem der Ball von der Tafel (Wand) hinter dem Tor in den Torraum geprallt ist

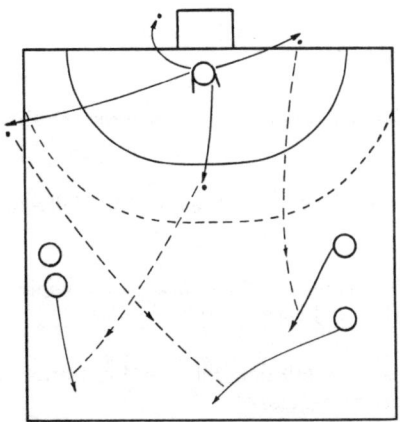

Übung 175: Einleiten eines Gegenstoßes, nachdem der Ball unter Kontrolle gebracht wurde – hinter dem Tor, auf der Torraumlinie, auf der Freiwurflinie.

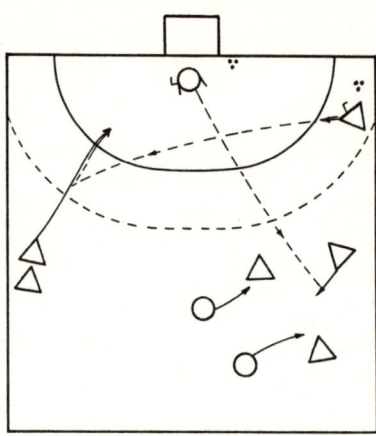

Übung 176: Einleiten eines Gegenstoßes durch Zuspiel zu dem Spieler, der gerade ungedeckt ist

Übung 177: Der Torwart hat mit Obergriff einen kleinen Ball in Brusthöhe vor sich gefaßt, den er losläßt, um ihn etwa in Kniehöhe wieder zu fangen

Übung 178: In Bauchlage den Ball hochwerfen – Drehung in die Rückenlage und Ball fangen

Übung 179: In Bauchlage auf dem Kasten die Bälle mit den Händen abwehren

Übung 180: Der Trainer wirft von der Torraumlinie aufs Tor – im Wechsel mit harten und weichen Bällen

Übung 181: Torschüsse mit dem Fuß aus 5 m Entfernung, die Bälle sind im Halbkreis bereitgelegt

Übung 182: Der Torwart, im Liegestütz vorlinks mit den Füßen auf einer Bank, wehrt Bälle im Wechsel mit der linken und mit der rechten Hand ab

Übung 183: Im Hang an der Querlatte (Tor muß unbedingt gegen Umstürzen gut gesichert sein) wehrt der Torwart die Bälle mit den Füßen ab

Übung 184: Rolle vorwärts – vier hohe Bälle abwehren – Rolle rückwärts – vier flache Bälle abwehren

Übung 185: Zwei Torwarte stehen sich gegenüber. Der eine läßt einen kleinen Ball fallen, der andere, in Bereitschaftsstellung, versucht ihn zu fangen

Übung 186: Der Torwart wirft einen Ball hoch, den anderen nach unten auf den Boden – beide Bälle müssen gefangen werden

Übung 187: Der Trainer wirft an der Mittellinie alle 3 Sekunden einen Tennisball hoch, der Torwart versucht, die Bälle zu treffen

Übung 188: Torwürfe der Reihe nach in alle 4 Ecken, der Torwart wehrt ab, wobei er bewußt auf die richtige Torwarttechnik achtet

Übung 189: Der Torwart führt Einbeinsprünge im Tor aus – Würfe auf das Sprungbein abwehren

Übung 190: Der Torwart, der sich in der tiefen Hocke befindet, wehrt die flach geworfenen Bälle mit dem jeweiligen Fuß ab

Übung 191: Der Torwart sitzt im Tor und wehrt mit den Händen die Bälle ab

Übung 192: Der mit dem Gesicht zum Tor stehende Torwart führt eine halbe Drehung aus und wehrt eine Serie hoher und flacher Bälle ab

Übung 193: Der Torwart führt einen „Bocksprung" über den Partner aus und wehrt eine Serie von Würfen in alle Ecken des Tores ab

Übung 194: Abwehr hoher Bälle durch Absprung mit dem entfernteren Bein

Übung 195: In etwa 5 m Entfernung sind Bälle in einer Linie abgelegt. Der Trainer schießt mit dem Fuß aufs Tor

Übung 196: Drei Meter vor dem Tor steht ein Helfer mit einem Schild. Der Trainer steht hinter dem Tor und führt Würfe gegen das Schild aus. Der Torwart wehrt die zurückprallenden Bälle ab

Übung 197: Abwehr von hohen, mittelhohen und flachen Würfen. Im Mittelpunkt steht die Zahl der jeweils richtigen Torwarttechnik und ihre korrekte Ausführung

Übung 198: Abwehr von Sprungwürfen von der Torraum- und der 9-m-Linie über einen Abwehrspieler hinweg

Übung 199: Torwurfserie: links oben, links unten, rechts oben, rechts unten

Übung 200: Torwurfserie in der Reihenfolge: links oben, rechts unten und rechts oben, links unten

Übung 201: Torwurfserie in Kniehöhe

Übung 202: Torwurfserie Fallwürfe

Übung 203: Torwurfserie „Bogenlampen"

Vervollkommnung motorischer Fähigkeiten

Die motorischen Fähigkeiten, zu denen wir die Gruppe der konditionellen Fähigkeiten und die Gruppe der koordinativen Fähigkeiten rechnen, gehören zu den Leistungsvoraussetzungen. Längst hat sich die Erkenntnis durchgesetzt, daß das für höhere Leistungen erforderliche Maß an spezieller Kraft, Ausdauer oder aber Reaktionsfähigkeit und räumlicher Orientierungsfähigkeit nicht durch Handballspielen allein zu entwickeln ist. Die benötigten kräftigen Entwicklungsreize können nur durch spezielle Übungsformen unter Beachtung spezifischer Methoden gesichert werden. Im folgenden sollen ausgewählte Übungsformen für die Vervollkommnung leistungsbestimmender motorischer Fähigkeiten, bezogen auf die Anforderungen der Abwehrarbeit im Handball, zur Auswahl angeboten sowie methodische Hinweise gegeben werden.

Kraft

Unter Kraft im Sinne einer motorischen Fähigkeit ist die Fähigkeit zu verstehen, einen äußeren Widerstand durch Muskelarbeit zu überwinden oder ihm entgegenzuwirken. (W. M. ZACIORSKI)
Der Handballer benötigt Kraft, um einer bestimmten Masse, sei es der Ball, sei es sein eigener Körper, eine Beschleunigung zu verleihen, beispielsweise bei Zuspielen, Torwürfen, Täuschungshandlungen.
Vom Ausprägungsgrad der Kraft hängt auch die Entwicklung der Schnelligkeit und der Sprungkraft ab. Wir können also von einer komplexen Bedeutung der Kraft ausgehen.
In den Mannschaftsspielen sind **die hauptsächlichen Trainingsmittel** für die Kraftentwicklung dynamische, explosive Schnellkraftübungen. Das zu wissen ist wichtig, da vielfach angenommen wird, der Kraftzuwachs hängt von der Zunahme an Muskelmasse ab.

Im Handballtraining sollten bei der Vervollkommnung der Kraft drei Aspekte berücksichtigt werden:
1. die allgemeine Kraftentwicklung,
2. die Entwicklung der für die Spezialisierung wesentlichen Muskelgruppen und
3. die Nutzung des erzielten Kraftzuwachses für die Erhöhung des technischen Niveaus

Beim **methodischen Vorgehen** sollte der Übungsleiter die im folgenden zusammengefaßten trainingsmethodischen Erkenntnisse nicht aus dem Blickfeld verlieren:
- anzustrebendes Maß des zu überwindenden Widerstandes: 25 bis 50% des maximal möglichen,
- Intensität der einzelnen Übung bei geringerer Zusatzlast (höchstens 15 bis 20 kg): maximal bis submaximal,
- die Übungszeit und der Charakter der Pausen zwischen den Serien sind vom Übungsziel abhängig,
- die Anzahl der Serien sollte 75% der maximal möglichen Leistung des Sportlers nicht überschreiten,
- nach dem Krafttraining sind Koordinationsübungen und Technikübungen angebracht,

Für das Krafttraining empfehlen wir folgende **Formen:**
- Kraftübungen im Rahmen von allgemeinentwickelnden Übungsformen
- Ausdauerkrafttraining,
- isometrisches Training
- Kreistraining
- Stationstraining
- spezielles Wurfkrafttraining

Mit Blick auf die einzelnen Abschnitte des Trainingsjahres sind folgende **Grundsätze** zu beachten:
- In der Vorbereitungsperiode ist zwei- oder dreimal Krafttraining zu planen, und in der Wettkampfperiode ist die Kraftentwicklung ein- oder zweimal zu akzentuieren.
- Mit wechselnder Intensität, wechselnden Belastungshöhen und Wiederholungszahlen arbeiten.
- Statische Übungen sind nach dynamischen einzusetzen.
- Die Effektivität des Krafttrainings kontrollieren.

Unter den zahlreichen Gruppen von für die Kraftentwicklung geeigneten Übungen werden im folgenden drei behandelt: Übungen gegen Widerstand unter Verwendung eines Gummiseils, Übungen im Wasser und Hantelübungen.

Übungen gegen Widerstand unter Verwendung eines Gummiseils

Solche Übungen haben einen günstigen Einfluß auf die muskuläre Entwicklung und die Bewegungsmöglichkeiten in den Gelenken. Sie haben den Charakter von dynamischen Bewegungshandlungen mit großer Amplitude und beruhen auf dem Wechsel von Anspannung und Entspannung der Muskeln.

In der Trainingspraxis verwendet man Seile von unterschiedlicher Länge (2 bis 8 m) und Dehnbarkeit. Die Wahl der jeweils verwendeten Seile ist vom Leistungsstand der Übenden und von den Bedingungen abhängig, unter denen die Übungen ausgeführt werden sollen (Halle, Gelände im Freien).

Ein Ungleichgewicht zwischen Kraftentwicklung und technischer Vervollkommnung kann zu Störungen in der Bewegungsstruktur führen. Deshalb ist das Schnellkrafttraining eng mit der Technik der sportlichen Bewegung zu verknüpfen. Beispiel: nach dem Kreistraining wird eine Serie von Torwürfen ausgeführt.

Übung 204: Bergan- und Bergabläufe gegen Partnerwiderstand: die beiden Übenden sind durch ein an den Hüften befestigtes Seil verbunden

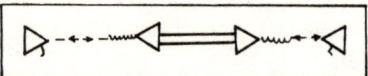

Übung 205: Die beiden durch das geschlossene Seil miteinander verbundenen Spieler üben in entgegengesetzer Richtung: mit Nachstellschritten seitwärts vorgehen, Zuspiel, Kehrtwendung

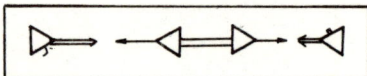

Übung 206: Die beiden Partner rücken, jeder auf seiner Seite, vor zum Blocken

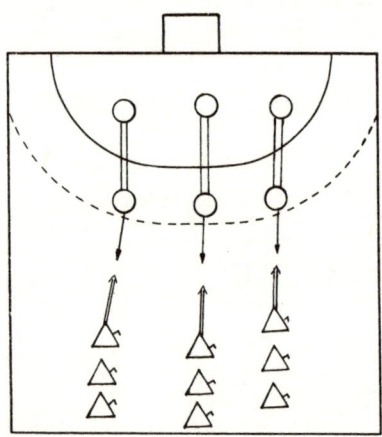

Übung 207: Blocken im Sprung gegen den Widerstand des vom Partner gehaltenen Seils·

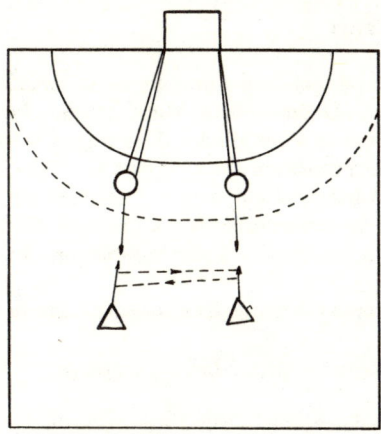

Übung 208: Heraustreten zum Blocken bzw. zum Abfangen eines Zuspiels

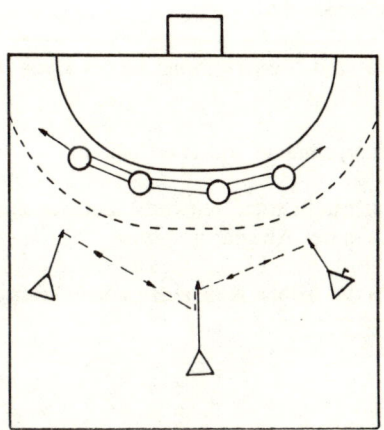

Übung 209: Nachrücken mit Nachstellschritten

Übungen im Wasser

Übungen im Wasser gehören vorrangig ins sommerliche Trainingslager. Die Dauer des Übens sollte 30 Minuten nicht überschreiten. Spaß und Freude stehen im Mittelpunkt, dazu tragen Wettbewerbe gegen einen Partner oder zwischen den Gruppen bei. Die Übungen können auch als Abwechslung nach einem Laufspiel eingesetzt werden. Ebenso sind sie als Pausenfüller bei bestimmten Übungen, beispielsweise beim Fußballspiel oder Volleyballspiel am Strand, geeignet.

Übung 210: Skipping, Mehrfachsprünge ein- und beidbeinig

Übung 211: Nachstellschritte, Zickzacksprünge

Übung 212: Schwimmen in senkrechter Position

Übung 213: Schubkarre im Liegestütz vorlings und rücklings

Übung 214: „Hampelmann" im halstiefen Wasser

Hantelübungen

Übung 215: Arme mit Fausthanteln in Vorhalte – Scherbewegungen waagerecht und senkrecht

Übung 216: Auf- und Niedersprünge an der Bank, dabei Schattenboxen

Übung 217: „Hampelmann" mit Fausthanteln

Übung 218: Nachstellschritte seitwärts, auf der entgegengesetzten Seite Armarbeit in der Abwehr imitieren

Übung 219: Aus der halben Kniebeuge schnellkräftige Sprünge zum Blocken

Ausdauer

Modernes Handballspiel ist schnell und einsatzbetont. Damit die Qualität der Technik nicht leidet, aber auch die für situationsgerechtes, blitzschnelles Entscheiden und reaktionsschnelles Handeln erforderliche geistig-nervale Frische noch bei fortgeschrittener Spielzeit gegeben ist, benötigt der Handballspieler eine gute Ausdauer. In der Vorbereitungsperiode werden die Grundlagen für die spezielle Ausdauer mittels der Dauermethode oder der extensiven Intervallmethode gelegt.

Die spezielle Ausdauer für die Abwehrtätigkeit drückt sich in dem Vermögen aus, viele kurze Antritte und schnelle Schritte, verbunden mit Stoppen und Wendungen, auszuführen, ohne nennenswert zu ermüden. Indem im Training die bewährten Übungen für die Beinarbeit des Abwehrspielers, aber auch Übungen zur Schulung des individuellen technisch-taktischen Verhaltens mit betont großem Umfang – bis zur Ermüdung – ausgeführt werden, entwickeln sie in hervorragender Weise die spezielle Ausdauer.

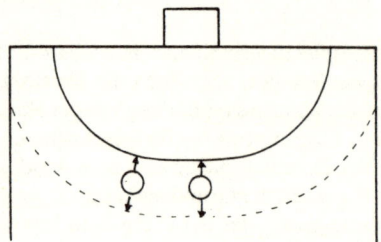

Übung 220: Japantest

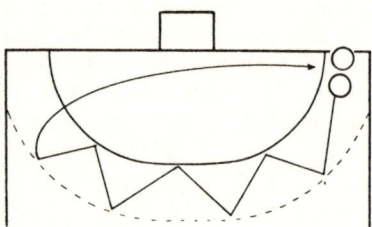

Übung 221: Zickzacklauf zwischen Torraum- und 9-m-Linie als Nonstop-Übung

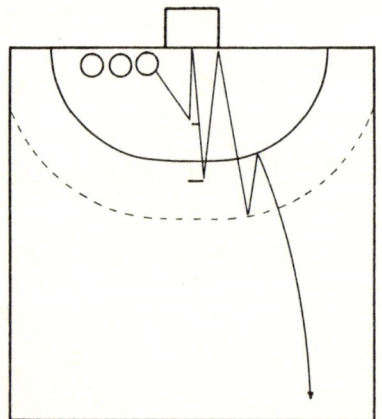

Übung 222: Ziehharmonikalauf

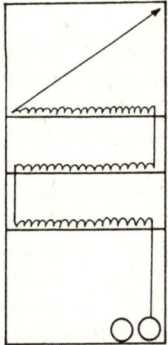

Übung 223: Sprint mit Richtungsänderungen auf den Linien des Volleyballfeldes
Variante: Sprint und Nachstellschritte im Wechsel

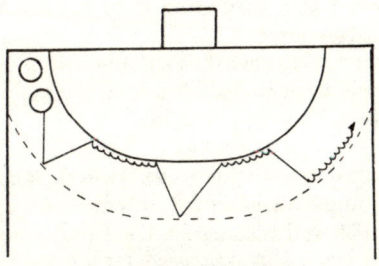

Übung 224: Nachstellschritte seitwärts und Zickzacklauf zwischen Torraum- und Freiwurflinie im Wechsel

Übung 225: 1 gegen 1 über 2 Spielfeldlängen

Übung 226: 4 gegen 4 (5 gegen 5 oder 6 gegen 6) auf ein Tor als Nonstop-Üben; bei Ballverlust der Angreifer erfolgt kein Aufgabenwechsel

Schnelligkeit

Die Schärfe von Torwürfen, die Schnelligkeit von Einzel-, Gruppen- und Mannschaftsaktionen machen einen Großteil der Attraktivität des Handballspiels aus. Das Spiel asiatischer Spitzenmannschaften, das durch seine enorme Schnelligkeit besticht, reißt die Zuschauer spontan zu Beifallstürmen hin.

Unter Schnelligkeit versteht man gemeinhin die Fähigkeit, Bewegungshandlungen in kürzesten Zeitabschnitten auszuführen. Dabei wird vorausgesetzt, daß es sich um eine kurzzeitige Belastung handelt, die keine große Ermüdung bewirkt.

Die Schnelligkeit als motorische Fähigkeit wird in einer Dimension gemessen – der Zeit. Im allgemeinen werden drei Parameter unterschieden:

a) die Reaktionszeit,
b) die Geschwindigkeit von Einzelbewegungen oder azklischen Bewegungshandlungen und
c) die Bewegungsfrequenz bei zyklischen Bewegungen.

Die Vervollkommnung der Schnelligkeit im Handball muß mit den Mitteln der Handballtechnik erfolgen. Dabei sind folgende **trainingsmethodische Aspekte** zu beachten:

- Die gewählte Technik muß die Ausführung der Bewegungshandlung in höchster Geschwindigkeit garantieren.
- Es sind Übungen auszuwählen, die es gestatten, die Aufmerksamkeit auf höchste Schnelligkeit und nicht auf die Ausführung der Übung an sich zu richten.
- Die Übungsdauer, aber auch die Pausengestaltung müssen sichern, daß die maximale schnelle Ausführung nicht unter dem Einfluß von Ermüdung leidet.

Im Schnelligkeitstraining dominiert die **Wiederholungsmethode.** Die Dauer der Belastungseinheiten wird so bemessen, daß die Intensität maximal oder annähernd maximal ist. Die Erholungspausen sollten 5 bis 8 Minuten betragen und aktiv gestaltet werden.

Die Reaktionszeit ist gerade im Handballspiel ein wichtiger Parameter der Schnelligkeit. Unterschieden wird zwischen einfacher und komplexer motorischer Reaktion.

Ein typisches Beispiel für eine einfache Reaktion ist der Start auf ein zuvor vereinbartes Signal. Die Reaktionszeit läßt sich durch Training nur geringfügig verbessern, die Trainingseffekte liegen im Bereich von Hundertstelsekunden. Von Bedeutung ist sie für das Torwartspiel und die Einleitung von Gegenstößen.

Ein Beispiel für komplexe Reaktionen sind Reaktionen, für die der Sportler zunächst eine Auswahl treffen muß. So muß der Spieler während der sich ständig bzw. sehr plötzlich ändernden Angriffs- oder Abwehraktionen blitzschnell eine optimale Entscheidung (Heraustreten, Starten, Fintieren) treffen. Vom Wissen des Spielers, seiner Spielererfahrung, seiner geistigen Beweglichkeit hängen der Erfolg und die Schnelligkeit seiner taktischen Entscheidungen und Handlungen ab. Deshalb müssen die Aktionen des Spielers die Qualität von Fertigkeiten haben – das zu erreichen ist eine Frage der Trainingsgestaltung.

Eine weitere Größe ist die Handlungsschnelligkeit. Sie hängt maßgeblich von dem zu überwindenden Widerstand ab. Um eine maximale Schnelligkeit herauszubilden, muß eine Synchronisation von Nervenabläufen und Nerv-Muskel-Koordination erreicht werden, die die Erregung von einer motorischen Einheit zur nächsten weiterleitet.

In einer Trainingseinheit sollten Schnelligkeitsübungen im Anschluß an die Erwärmung durchgeführt werden. In einem Mikrozyklus ist Schnelligkeitsentwicklung auf den ersten oder zweiten Tag nach der Zyklenpause zu legen.

Im Handballtraining sollten Schnelligkeitsübungen in vielfältiger Form und mit wechselnder Intensität ausgeführt werden. Zu beachten ist auch, daß die Komplexität der motorischen Anforderungen im Handballspiel auch komplexes Üben (z. B. hinsichtlich der Verbindung von Kraft- und Koordinationsanforderungen) erfordert.

Übungsformen

Übung 227: Laufen – auf Signal beschleunigen und wieder langsamer werden

Übung 228: Skipping – a), b), c)

Übung 229: Verschiedene Formen des Überlaufens von Hürden

Übung 230: Starts aus unterschiedlichen Ausgangspositionen

Übung 231: Lauf mit gegenläufigem Armeinsatz

Übung 232: Lauf auf einer Kreisbahn

Übung 233: Zickzacklauf

Übung 234: Vierfüßlerlauf

Übung 235: Im Laufen mit dem rechten Knie an den linken Ellenbogen schlagen und widergleich

Übung 236: Kurze Bergan- und Bergabläufe

Übung 237: Kurze Sprints mit hoher Wiederholungszahl und Trabpause (10 × 30 m, 50 m Trabpause)

Übung 238: Sprints mit maximaler Geschwindigkeit, z. B. 3 × 10 m, 2 × 20 m, 1 × 40 m

Übung 239: Staffelläufe – 4 x 50 m, 4 × 100 m, 4 × 200 m

Übung 240: Pendelstaffeln über 30 bis 50 m

Übung 241: Serienweises Hochspringen zum Blocken z. B. 3 × 15

Bewegungskoordination

Das Niveau der Bewegungskoordination des Spielers spiegelt seine Fähigkeit wider, Bewegungshandlungen von unterschiedlichster Schwierigkeit zweckmäßig und ökonomisch auszuführen. Die allgemeine Bewegungskoordination umfaßt die von einer speziellen Sportart unabhängigen Bewegungshandlungen. Die spezielle Bewegungskoordination dagegen ist das Ergebnis vieler Wiederholungen von bestimmten sporttechnischen Bewegungsabläufen.

Auf das Niveau der Bewegungskoordination haben bestimmte **Faktoren** Einfluß:

- das Denken und überhaupt die Intelligenz des Sportlers – hervorragende Sportler sind imstande, komplizierte und unvorhergesehene sporttechnische bzw. motorische Aufgaben schnell und effektiv zu lösen;
- Eleganz und Präzision – systematisches Training verbessert das kinästhetische Empfinden, die Präzision und Schnelligkeit der Bewegungen;
- die Bewegungserfahrungen – sie bewirken eine Beschleunigung des Erlernens und Vervollkommnens von Bewegungen;
- ein hohes Niveau der motorischen Fähigkeiten und der Korrelationen zwischen ihnen.

Koordinative Fähigkeiten sind anlagebedingt. Sportler, die nicht koordinativ begabt sind, stoßen in der weiteren Entwicklung bald an ihre Grenzen.

Im Handballspiel ist ein hohes Niveau der Bewegungskoordination sehr wichtig, das gilt für den Angriff wie für die Abwehr. Deshalb müssen Gewandtheitsübungen bzw. Übungen zur Vervollkommnung bestimmter koordinativer Fähigkeiten im Training ihren festen Platz haben.

Folgende **Mittel und Methoden** zur Entwicklung der Bewegungskoordination finden im Training Anwendung:

- Üben aus untypischen Ausgangsstellungen, z. B. Rückwärtslauf mit Drehungen, Weitsprung rückwärts
- Übungsausführung mit der weniger gewandten Seite, z. B. Würfe mit der schwachen Hand
- Variieren des Bewegungstempos (häufiger: Üben mit höherem Tempo)
- Wechsel der Art der Bewegungsausführung (z. B. Anwendung der verschiedenen Wurfarten)
- Erhöhung der Schwierigkeit von Bewegungshandlungen durch Zusatzbewegungen (z. B. Weitsprung mit In-die-Hände-Klatschen über dem Kopf)

– Anwendung verschiedener taktischer Kombinationen – Zweier- und Dreierkombinationen.

Auf die Vervollkommnung der Bewegungskoordination gerichtete Übungen setzen beim Sportler geistig-nervale Frische voraus. Andererseits führen sie relativ schnell zur Ermüdung. Deshalb ist die Bewegungskoordination mittels der Wiederholungsmethode zu entwickeln, und die entsprechenden Übungen sind für den ersten Teil der Trainingseinheit einzuplanen. Im Verlauf des Trainingsprozesses sind die Übungsprogramme immer wieder anders zusammenzusetzen bzw. zu wechseln.

Gewandtheitsübungen

Übung 242: Im Gehen und Laufen Jonglieren mit dem Fuß, dem Oberschenkel

Übung 243: Hahnenkampf; Schiebekampf mit den Füßen im Sitzen

Übung 244: Die Spieler stehen sich paarweise gegenüber. Der eine wirft einen Ball hoch, um ihn anschließend zu fangen. Währenddessen Zuspiel mit einem zweiten Ball

Übung 245: Aufstellung wie zuvor. Der eine Partner hat zwei Bälle, die er im Wechsel links und rechts hochwirft. Der Partner muß fangen

Übung 246: Ein Partner in Bauchlage, der andere steht vor ihm – beide spielen sich den Ball zu

Übung 247: Lauf auf der Stelle mit hohem Knieheben – unter dem Oberschenkel in die Hände klatschen

Übung 248: Tischtennis mit der linken und der rechten Hand

Übung 249: Radfahren, Schlittschuhlaufen, Rollschuhlaufen, Skateboardfahren

Übung 250: Fußball, Rugby, Basketball

Übung 251: Schwimmen in den verschiedenen Schwimmarten, Paddeln, Rudern, Skifahren

Übung 252: „Häschensprünge", „Tigersprünge"

Übung 253: Trampolinsprünge

Übung 254: Sprünge vom Federbrett, auch Salti – Landung auf der Schaumgummimatte

Übung 255: verschiedene Sprünge ins Wasser vom 1-m-Brett

Übung 256: Slalomläufe

Beweglichkeit

Muskeln, die häufig und kräftig zur Kontraktion gebracht werden, neigen zur Verkürzung. Verkürzte Muskeln wiederum bewirken eine Verringerung des Bewegungsumfangs, zumindest in der Tendenz. Weiträumige Bewegungen, wie sie im Sport häufig gefordert sind, lassen sich bei, wenn auch nur leicht, verkürzten Muskeln nur gegen erhöhten Widerstand realisieren. Das erhöht den Kraftverbrauch und führt zu vorzeitiger Ermüdung. Daher haben Dehnungsübungen ihren festen Platz im Training des Handballspielers.

Man versteht unter Beweglichkeit die Fähigkeit, Bewegungen mit großer Amplitude auszuführen. Sie hängt von folgenden **Faktoren** ab:
- der Elastizität der Sehnen und Bänder
- den die Gelenke umgebenden Muskeln und jenen Muskeln, die die Bewegungen im Gelenk bewirken
- vom Alter und Geschlecht des betreffenden Menschen
- von der Temperatur des Muskels
- von der Tageszeit und der Umgebungstemperatur am Übungsort (die größte Bewegungsamplitude wird zwischen 10.00 und 11.00 Uhr sowie zwischen 16.00 und 17.00 Uhr erreicht)
- dem Grad der Ermüdung und dem emotionellen Zustand (Ermüdung und depressive Zustände senken das Niveau der Beweglichkeit)
- dem Kraftniveau des Muskels.

Die Beweglichkeit ist jeweils im ersten Teil einer Trainingseinheit zu schulen. Dehnungsübungen gehören zu jeder Erwärmung! Jede Übung ist über 3 bis 5 Serien jeweils 15- bis 15 mal zu wiederholen. In den Pausen werden Lockerungsübungen ausgeführt (Ausschütteln der Muskeln, leichtes Massieren). Der Schwerpunkt der Entwicklung der Beweglichkeit liegt in der Vorbereitungsperiode, in der Wettkampfperiode geht es vorrangig darum, das erreichte Niveau zu halten.

Stretching

Die Auffassungen darüber, mit welchen Methoden der Muskel schonend und dabei effektiv gedehnt werden kann, haben sich in den vergangenen Jahren beträchtlich gewandelt. Das Stretching trägt neuen Erkenntnissen in hervorragender Weise Rechnung.

Wer Stretchingübungen in sein Trainingsprogramm aufnimmt, sollte folgende **Grundsätze** beachten:

- den Muskel zunächst statisch 30 Sekunden lang anspannen, dann 2 bis 3 Sekunden lang total entspannen
- anschließend die Muskeln sanft dehnen und in dem gedehnten Zustand 20 bis 30 Sekunden lang belassen
- beim Üben frei atmen,
- den Stretching-Übungen muß eine gründliche, ca. 10minütige Erwärmung vorangehen
- zum Stretching gehört eine bestimmte Kopfhaltung: der Kopf wird achsengerecht in Verlängerung des gestreckten Oberkörpers gehalten
- bei Prellungen, Zerrungen und sonstigen Muskel- oder Gelenkschmerzen ist Stretching nicht zu empfehlen

Ausgewählte Stretching-Übungen

Übung 257: Die Handflächen vor der Brust so aufeinander legen, daß die Finger jeweils zum Handgelenk der anderen Hand weisen – Arme gegeneinander drücken, wobei die Handgelenke einknicken

Übung 258: Ausfallschritt rückwärts links, die Arme weit nach hinten strecken

Übung 259: Standwaage

Übung 260: Kniestand rechts, linkes Bein seitlich abgespreizt – Rumpfbeugen nach links

Übung 261: Kniestand – Rumfrückneigen bei gestreckter Hüfte

Übung 262: Kniestandwaage – Arme beugen, Bein schwunghaft rück-hochspreizen

Übung 263: Weiter Ausfallschritt – Becken aktiv senken

Übung 264: Hürdensitz

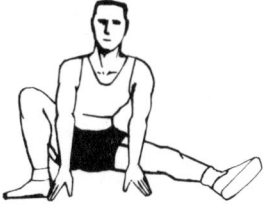

Übung 265: Sitz, rechtes Bein nach hinten gewinkelt, linkes Bein gestreckt

Übung 266: Sitz – rechtes Bein vor dem Körper gewinkelt, linkes Bein seitgespreizt – Rumpfbeugen seitwärts

Übung 267: Grätschsitz – Hände erfassen die Fußgelenke oder die Füße und ziehen leicht

Übung 268: In Rückenlage erfassen die Hände das Knie des gehockten Beines und ziehen es an die Brust

Übung 269: Bauchlage, Hände im Schulterbereich aufgestützt – Arme strecken (Effekt: Aufrichten des Oberkörpers)

Übung 270: Strecksitz, rechtes Bein hochgespreizt – die rechte Hand erfaßt das Fußgelenk und unterstützt durch sanften Zug das Spreizen

Übung 271: Hockstand, hinter dem Übenden steht ein Partner, der dessen Handgelenke erfaßt, mit den Knien die Schulterblätter berührt und die Arme des Übenden nach hinten bewegt

Übung 272: Schrägstand an der Wand, Sprossenwand o. ä. – Ferse eines Beines bleibt am Boden – Körpervorlage vergrößern durch Armbeugen

Übung 273: Strecksitz – Fußspitzen erfassen und körperwärts ziehen

Übung 274: Grätschwinkelstand, Hände erfassen die Fußgelenke, Fersen auf dem Boden – bei gestreckten Kniegelenken Arme leicht beugen

Übung 275: Stand auf einem Bein – Fußrist des anderen Beines erfassen, Ferse ans Gesäß drücken und dabei Hüftgelenk leicht überstrecken

Übung 276: Bauchlage – Fußrist erfassen, Ferse zum Gesäß führen, bis das Knie abhebt

Übung 277: Fersensitz – Rückneigen des Oberkörpers, Hüftgelenk gestreckt, Knie zusammen

Übung 278: Ausfallschritt seitwärts – Rumpfbeugen zum gestreckten Bein

Übung 279: Rückenlage, Beine um 90 Grad angehoben und gegrätscht – Hände unterstützen das Grätschen durch Druck nach außen

Übung 280: Bückstand – Hände ziehen den Kopf kniewärts

Übung 281: Rückenlage – Unterschenkel des linken (rechten) Beines erfassen und kopfwärts ziehen

Übung 282: Aus der Rückenlage 1/2 Rolle rückwärts, so daß die Füße hinter dem Kopf den Boden berühren. In dieser Stellung – die Beine sind locker gebeugt – 10 Sekunden lang verharren

Sprungkraft/Sprunggewandtheit

Da Sprungleistungen stets eine energetische und eine koordinative Komponente haben, halten wir die komplexe Sicht auf das Phänomen Sprungleistungen für sinnvoll.
Im Handballspiel werden Sprungleistungen vor allem in der Auseinandersetzung mit einem Gegner bei Torwürfen sowie beim Blocken gefordert. Darüber hinaus sind sie Bestandteil des Torwartspiels.
Bei der Vervollkommnung der Sprungkraft/Sprunggewandtheit lassen sich mehrere Etappen unterscheiden:
1. Erhöhung der absoluten Kraft der am Absprung beteiligten Muskeln
2. Einbeziehung möglichst vieler Muskelfasern
3. Vervollkommnung des Vermögens, schnellkräftig abzuspringen
4. Entfaltung der höchstmöglichen Muskelkraft beim Absprung
5. Entwicklung der Sprungkraftausdauer
Die aufgeführten Grundsätze gelten voll und ganz für das Handballtraining.

Trainingsmittel:
– reaktive Übungen
– Mehrfachsprünge, Aufsprünge, Niedersprünge
– Sprünge mit Partner
– Übungen mit dem Sprungseil
– Hantelübungen und Übungen mit dem Medizinball
– Übungen im Wasser
Die aufgeführten Gruppen von Übungen können allgemeinentwikkelnden oder auch speziellen Charakter haben. Entsprechend dem jeweiligen Ausbildungsabschnitt sind sie auszuwählen und zu gestalten.
In der Vorbereitungsperiode sollten Sprungkraftübungen 2- bis 4mal in der Woche schwerpunktmäßig geplant werden, in der Wettkampfperiode in einer Trainingseinheit.
Spezielle Übungen zur Entwicklung des schnellkräftigen Absprungs werden in 4 bis 6 Serien zu je 10 bis 20 Wiederholungen, stets mit maximalem Krafteinsatz, ausgeführt. Wird mit Zusatzlast (10 bis 20 kg) geübt, sind für die Erholungspausen 2 bis 3 Minuten vorzusehen.
Zu empfehlen sind verschiedene Arten von Läufen mit schnellkräftigem Absprung während der Erwärmung.

Reaktive Übungen

Bei diesen sehr intensiven Übungen wird eine Vordehnung des Muskels (Akkumulation von zusätzlicher Kontraktionsenergie) genutzt.

Es ist zu beachten, daß bei dieser Art Übungen eine erhöhte Belastung der unteren Extremitäten auftritt. Sie sind deshalb nur für Fortgeschrittene geeignet.

Generell beruhen diese Übungen auf dem Prinzip: Absprung nach oben (oder vorn-oben) direkt nach vorangegangenem Niedersprung. Sie können aus verschiedenen Höhen ausgeführt werden, die Abstände müssen eine fließende Übungsausführung garantieren. Niedersprunghöhe und zu überwindende Abstände hängen vom Körpergewicht, der Körperhöhe und dem Sprungkraftpotential des Sportlers ab. Belastungsumfang und -intensität sollten individuell festgelegt werden.

In einer Trainingseinheit sind 4 Serien zu 10 Sprüngen sinnvoll. Pausenlänge: 3 bis 5 Minuten.

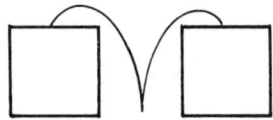

Übung 283: Niedersprung – Aufsprung, Höhe jeweils 50 cm

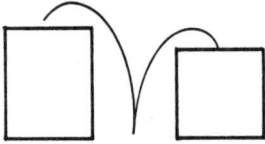

Übung 284: Niedersprung (70 cm) – Aufsprung (50 cm)

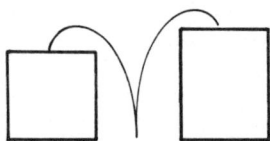

Übung 285: Niedersprung (50 cm) – Aufsprung (70 cm)

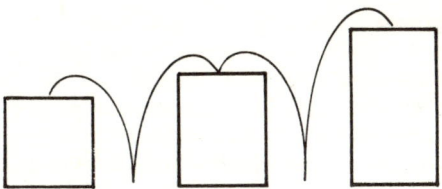

Übung 286: Niedersprung (50 cm) – Aufsprung (70 cm) – Nieder-sprung – Aufsprung (100 cm)

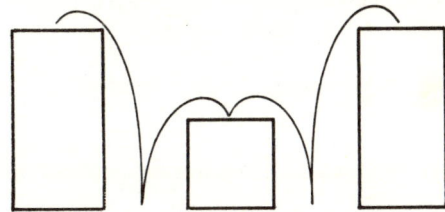

Übung 287: Niedersprung (100 cm) – Aufsprung (50 cm) – Nieder-sprung – Aufsprung (100 cm)

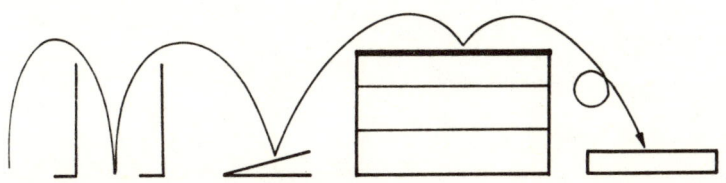

Übung 288: zwei Hürden – Federsprungbrett – Kasten (dreiteilig) – Matte

Hürdensprünge

Im Handballtraining sind die Hürdenhöhe und die Abstände zu variieren. Üben mit Zusatzlast ist eine weitere Möglichkeit, die Übungsintensität zu beeinflussen. Geübt wird in 8 bis 10 Serien mit je 6 bis 10 Wiederholungen, in den Pausen werden Lockerungsübungen ausgeführt.

Übung 289: Schlußsprünge und Einbeinsprünge über die Hürden am laufenden Band

Übung 290: Hürde überspringen und anschließend zurück die Hürde durchkriechen

Übung 291: Einbeinsprünge über die Hürden ohne Zwischensprünge

Übung 292: Schlußsprünge über die Hürden mit Zusatzlast (Sandsack, 5-Kilo-Weste) – 6 bis 8 Hürden

Übung 293: Mehrfachsprünge über Hürden von unterschiedlicher Höhe

Übung 294: Hürdenlauf im Dreischrittrhythmus

Sprungkraftübungen mit Hantel

Sprungkraftübungen mit Hantelbelastung bis zu 30% des Körpergewichts können während des gesamten Trainingsjahres Bestandteil des Trainings sein. Es kommen 4 bis 6 Übungen in 4 bis 6 Serien mit jeweils 5 bis 10 Wiederholungen zur Anwendung. Bei einer Zusatzlast von 15 bis 20 kg sind bis zu 20 Wiederholungen vertretbar.

Übung 295: Skipping am Ort mit einer 15 bis 25 kg schweren Hantel – 10 bis 20 Sekunden lang

Übung 296: Schlußsprünge aus der halben Kniebeuge mit einer Zusatzlast von max. 40% des Körpergewichts, 6- bis 8 mal

Übung 297: Sprünge im Ausfallschritt, Hantel in Hochhalte, 10- bis 20 mal

Übung 298: In der Rückenlage, Beine angehockt, die Hantel mit den Fußsohlen schnellkräftig hochstoßen

Übung 299: Mehrfachsprünge über 20 m mit der Hantel auf den Schultern

Übung 300: Aus der Schrittstellung auf den Kasten aufsteigen mit der Hantel auf der Schulter, 10-mal hintereinander

Anhang:
Wichtige Schiedsrichterzeichen

Schritt- und Zeitfehler

Fang-, Prell- und Dribbelfehler

Umklammern und Festhalten

Schlagen

Betreten des Torraumes

Nichtbeachten des 3-m-Abstandes

Passives Spiel

Einwurf

Abwurf aus dem Torraum

138

Freiwurf – Ausführungsort

Torgewinn (Feldschiedsrichter)

Torgewinn (Torschiedsrichter)

Spielzeitunterbrechung

Herausstellung (2 Minuten)

Ausschluß

140

Buchtips für den Handballtrainer

184 Seiten,
300 Zeichnungen,
12,7 × 20,5 cm,
DM 29,80
ISBN
3-328-00459-9

Abwechslung statt Monotonie

Wiederholen, ohne sich zu wiederholen. Die
Übungssammlung dieses international renom-
mierten Trainers beugt der Monotonie im Training vor.
300 Übungen für den Angriff bringen Abwechslung ins Training, bieten Übungsformen, die
sich als besonders effektiv erwiesen haben, und
repräsentieren modernstes Handballtraining.
Das hier angebotene Übungs-Repertoire ist
deshalb für jeden erfolgreichen Trainer ein un-
ersetzlicher Begleiter im Training.

SPORT
VERLAG

Manfred Müller, Hans-Gert Stein, Irmgard und Gerd Konzag

Handball spielend trainieren

Das komplette Übungssystem

240 Seiten, 300 Abbildungen
ISBN 3-328-00464-5

„Spielend trainieren" heißt in der Praxis: So bald wie möglich und so konsequent wie erforderlich im Training die realen Bedingungen des Wettspiels berücksichtigen – also spielnah trainieren.

Das unterscheidet spielnahes Training vom bisher noch weitverbreiteten Training:

- Das Techniktraining schließt weitgehend taktische Komponenten ein.
- Die Spieler müssen sich frühzeitig mit Gegnern auseinandersetzen, was Konsequenzen für den Handlungsspielraum und die geforderte Präzision hat.
- Taktisches Training ist nicht Einüben von Standards, sondern fordert vom Spieler die Entscheidung für eine von mehreren Möglichkeiten.

Handball – spielend trainieren vermittelt das Konzept spielnahen Handballtrainings und bietet für die jeweiligen Ausbildungsziele eine Vielzahl passender Übungsformen.

Bestellungen richten Sie bitte an Ihre Buchhandlung

Sportverlag GmbH
Neustädtische Kirchstraße 15
O-1080 Berlin

Manfred Scholich

Circle-Training

Kondition und Fitneß durch rationelles Üben

168 Seiten, 121 Zeichnungen,
ISBN 3-328-00458-0

Ohne Fitneß und Kondition keine Leistung. Das gilt für alle
Sportler. Circle-Training als bewährte methodische Hilfe weist
den Weg zum Erfolg, ist für optimale Konditionierung eine si-
chere Bank. Erfunden in den USA, weiterentwickelt unter anderem durch Manfred Scholich, der unter Fachleuten als der
Experte für Circle- oder Kreistraining gehandelt wird.
Der FUNDUS von mehr als 100 Übungsvarianten ist in diesem
Sinne ein echtes Top-Angebot für alle, die sich in Form bringen
wollen. Auf engstem Raum mehrere Übende zeitgleich effektiv üben zu lassen, das ermöglicht diese Methode. Die vom Autor zusammengestellten Programme haben sich in der Trainingspraxis bestens bewährt. Sie erweisen sich – dank ihrer
Vielfalt – als Frundgrube für Trainer, Übungsleiter und Sport-
lehrer.

Bestellungen richten Sie bitte an Ihre Buchhandlung

Sportverlag GmbH
Neustädtische Kirchstraße 15
O-1080 Berlin